어쩌다 개

어쩌다 개

초판 1쇄 발행 2025. 10. 10.
　　2쇄 발행 2025. 11. 7.

지은이 강기수
펴낸이 김병호
펴낸곳 주식회사 바른북스

편집진행 황금주
디자인 양헌경
마케팅 송송이 박수진 박하연

등록 2019년 4월 3일 제2019-000040호
주소 서울시 성동구 연무장5길 9-16, 301호 (성수동2가, 블루스톤타워)
대표전화 070-7857-9719 | **경영지원** 02-3409-9719 | **팩스** 070-7610-9820

•바른북스는 여러분의 다양한 아이디어와 원고 투고를 설레는 마음으로 기다리고 있습니다.
이메일 barunbooks21@naver.com | **원고투고** barunbooks21@naver.com
홈페이지 www.barunbooks.com | **공식 블로그** blog.naver.com/barunbooks7
공식 포스트 post.naver.com/barunbooks7 | **페이스북** facebook.com/barunbooks7

ⓒ 강기수, 2025
ISBN 979-11-7263-615-9 03810

•파본이나 잘못된 책은 구입하신 곳에서 교환해드립니다.
•이 책은 저작권법에 따라 보호를 받는 저작물이므로 무단전재 및 복제를 금지하며,
　이 책 내용의 전부 및 일부를 이용하려면 반드시 저작권자와 도서출판 바른북스의 서면동의를 받아야 합니다.

•책 속의 그림은 저자가 직접 찍은 사진을 ChatGPT와 Gemini로 스케치한 것입니다.

어쩌다 개

강기수 에세이

철학 하는 아빠와
반려견 아롱이의
행복한 동행

"개에게 배우다"

순수·사랑·신뢰
존재의 고유한 가치

바른북스

# 여는 글

아롱이가 우리 집에 온 지도 어느덧 8년이 되어간다. 처음 데려왔을 때는 주먹만 한 것이 천방지축으로 꼬물거리며 여기저기 헤집고 다녔는데, 이제 아롱이는 모든 것이 제법 의젓하다. 대문 밖에서 소리가 들리거나 집에 사람이 오면 짖기도 하고 반기기도 한다. 제법 위엄을 갖춘 개 모양이 난다. 그야말로 개폼도 나고 개다운 모습이다. 이런 아롱이가 정말 귀엽고 예쁘고 사랑스럽다.

삶은 선택과 결단의 연속이다. '출근할 때 어떤 옷을 입을까?', '점심때 무엇을 먹을까?' 같은 가벼운 선택부터 '어떤 분야를 전공할까?', '결혼을 할까 말까?', '연명 치료를 해야 할까?'와 같은 중요한 결정도 결국은 선택이고 결단이다. 우리는 매 순간 선택하고 결정하며 결단한다. 지금까지 살아오면서 많은 선택을 하고 결정을 했지만, 그중에서 가장 잘한 선택 중의 하나는 아롱이를 우리 가족으로 맞이한 것이다.

나이가 들어갈수록 특별히 기쁘거나 즐거운 일이 많지 않다. 아마도 매일 마주하는 대부분의 일들이 지금까지 살아온 삶의 반복이

자, 익숙한 일상의 연속이기 때문일 것이다. 그래서 성경에도 "해 아래 새것이 없다."라고 했고, 철학자 니체(Nietzsche) 역시 "우리의 삶이 어제, 오늘 그리고 내일과 똑같은 삶이 반복되더라도 지금, 이 순간에 의미를 부여하고 최선을 다해 살아야 한다."라고 했던 것이다.

아롱이가 우리 집에 오면서 많은 변화가 생겼다. 아롱이 덕분에 이전에 경험하지 못했던 일들을 새롭게 겪게 되었고, 보지 못했던 세상을 보게 되었다. 아롱이는 사람이라면 도저히 상상하지 못할 행동을 많이 한다. 어쩌면 그것은 지금까지 개를 키워본 적 없는 무지에서 비롯된 놀라움일지도 모른다. 아롱이가 하는 행동을 보면서 나는 매 순간 웃고 감탄하며 감동한다. 늘 한결같은 눈빛으로 바라보고 반기며 따르는 아롱이를 보면서 브라이언 헤어(Brian Hare)와 버네사 우즈(Vanessa Woods)가 『개는 천재다』에서 말한 "개는 자기 자신보다 인간을 더 많이 사랑하는 지구상의 유일한 존재"라는 말에 격하게 공감한다. 그래서 요즘 나는 사랑은 별다른 것이 아니라 '상대방에게 따뜻한 관심을 가지고 반겨주고 이해하고 배려하며 아낌없이 주는 것'이라고 생각한다.

아무리 친하고 사랑하는 사람과의 관계라고 할지라도 때로는 갈등이 생기고 다툼이나 오해가 있기 마련이다. 모든 관계에서 권태기는 어느 순간엔가 찾아오곤 하지만 아롱이와 함께한 시간은 늘 새롭고 즐겁고 행복했다. 그리고 앞으로도 그럴 것이라는 확신이 든다. 물론 돌아보면 힘든 순간도 있었고 귀찮거나 살짝 짜증이 날 때도 있었지만, 그렇다고 해서 아롱이와 함께하기로 한 우리의 선택을 단 한 순간도 후회하거나 아쉬워한 적은 없다. 오히려 지금, 이 글을 쓰며 그동안 함께한 시간을 돌아보니, 아롱이가 우리 집에 와서 함께한 날들 내내 즐겁고 따뜻했다는 것을 다시금 느낀다. 생각지도 못한 아롱이의 귀여운 행동과 사랑스러운 모습은 늘 새롭고 신기해서 내 삶에 활력소가 된다.

그리고 무엇보다 감사한 것은, 아롱이를 통해 주위에 존재하는 모든 존재들, 즉 동물과 식물 그리고 길에 구르는 돌 하나까지도 그 존재 의미에 대해서 다시 생각하게 되었다는 점이다. 아롱이와 함께 살면서 나는 개나 고양이는 물론이고 보도블록 틈새로 돋아난 이름 모를 풀 한 포기, 바닷가의 자갈 하나, 산속의 굽은 나무 한 그루까지도 모두 소중한 존재라는 것을 알게 되었다. 철학자 니체가 『이 사람을 보라』에서 말한 "있는 것은 아무것도 버릴 것이 없으며, 없어도 좋은 것이란 없다."라는 말의 의미가 아롱이를 통해 내게 새롭게 다가왔다. 이 세상에 존재하는 모든 동물과 식물 심지어 무생물까지도 모두 존재의 목적이 있으며 저마다의 가치가 있다. '인간 존중'이란 말이 틀린 건 아니지만, 나는 이 세상의 모든 존재가 마땅히 존중받아야 하고 존중받아야 할 권리가 있다고 믿는다.

살아보니 모든 우연은 결국 필연이었고, 모든 필연 또한 우연이었다. 아롱이와의 만남도 처음엔 우연으로 여겨졌지만, 지금 돌이켜 보면 그것은 분명 필연이었다. 애초에 우연과 필연은 구분되는 것이 아니라, 같은 얼굴을 하고 있는 다른 이름일 뿐이다. 어쩌다 우연히 우리 집에 온 아롱이 덕분에 나는 삶을 바라보는 시선이 달라졌다.

이전에는 무심히 지나쳤던 것들 속에서도 의미를 찾게 되었고, 사소한 일상에서조차 감사와 감동을 느낀다. 이제 아롱이와의 만남은 내겐 필연적인 운명이 되었고, 그 동행은 내 삶을 더 깊고 풍요롭게 만들어 준다. 그리고 나는 확신한다. 이 세상의 모든 존재, 모든 만물은 우리에게 삶의 소중한 가치를 일깨워 주는 스승이라는 것을.

이 책은 '만남', '동행', '사이', '공존'이라는 네 개의 주제로 구성되어 있다. 제1장 「만남 / 어느 별에서 왔을까」에서는 아롱이와의 첫 만남과 가족이 되기까지의 과정을 제2장 「동행 / 사랑하며 배우며」에서는 산책과 양육 등 일상에서 아롱이와 함께 살아가는 이야기를 제3장 「사이 / 차이와 존중」에서는 아롱이와 나, 동물과 인간 그리고 인간과 인간의 관계를 마지막 제4장 「공존 / 함께 만드는 아름다운 세상」에서는 인간과 동물, 식물 그리고 모든 존재가 함께 살아가야 할 삶에 대한 저자의 생각을 담았다.

이 책은 네 가지 주제 속에 저자와 아롱이의 소소한 일상을 기록한 글이다. 아롱이와 함께 생활하면서 겪은 이야기들을 솔직하게 기록한 '양육일기'이자, 함께한 시간을 기억하고 싶은 우리의 '추억'이다. 이 책을 읽는 독자들에게 반려동물과 함께 살아가는 평범한 일상 속의 따뜻함과 행복이 전해지길 바란다. 아울러 독자 여러분과 반려동물 사이에 사랑과 우정을 더하는 데 조금이라도 도움이 된다면 나로서는 더할 나위 없이 감사한 일이다.

저자 씀

목차

여는 글

1장

어느
별에서
왔을까?

아롱이, 가족이 되다 • 15
개 같은 아롱이 • 18
강아지 강씨의 시조 • 23
아롱이는 쫄보가 아니야 • 27
밥보다 아빠 • 32
노는 게 제일 좋아 • 38
아빠가 되기까지 • 44
보리야, 미안해 • 47
아롱이의 잠투정 • 52
간섭일까, 관심일까? • 56
아빠는 팔불출 • 61
찐 거야, 큰 거야 • 68
천재견이 아니라서 더 좋아 • 72
효녀 아롱이 • 77
개린이날 선물 • 83

사랑하며 배우며

우리는 깐부 • 91
아빠, 나만 바라봐 • 97
아파트 아파트 • 102
그 아기 고양이가
은혜를 갚을까? • 108
왕관의 무게 • 114
장군이 할아버지는
건강하시겠지 • 120
뽀뽀 타임 • 124
아빠야, 졸병이야 • 129
아롱이는 대견배 • 133
연두 아주머니 고마워요 • 139
최고의 몰입 아롱멍! • 143
즐거운 여행, 그날을 위해 • 148
아롱이는 다주택자 • 154

3장

차이와 존중

곧 사람이 될 거야 • 163

강아지 똥 • 168

순도 100%의 사랑 • 172

아롱이의 견생은 행복할까? • 177

짖는 데는 이유가 있다 • 182

금붕어를 어떻게 살릴까? • 186

웃프다, 아롱아 • 189

아롱아, 말 좀 해봐 • 193

누가 더 행복할까? • 197

개는 좋겠다 • 202

개새끼의 역설 • 207

사람보다 훨씬 낫다 • 211

아롱이도 계획이 다 있구나! • 218

4장

함께
만드는
아름다운
세상

금붕어가 죽었다 • 225

인간의 위치 • 230

세계 강아지의 날에 • 237

애완견과 반려견,
주인과 반려인 • 243

야구선수 오타니 쇼헤이,
정말 멋있다 • 250

누구 편을 들어야 할까 • 254

아빠는 식견종 • 260

동물학대, 식물학대 • 264

소나무재선충병을 어찌할꼬 • 270

동물권, 식물권, 그리고
존재권 • 276

1장

만남
어느 별에서 왔을까?

살아보니 모든 우연은 결국 필연이었고, 모든 필연
또한 우연이었다. 아롱이와의 만남도 처음엔 우연으로
여겨졌지만, 지금 돌이켜 보면 그것은 분명 필연이었다.
애초에 우연과 필연은 구분되는 것이 아니라, 같은 얼굴을
하고 있는 다른 이름일 뿐이다.

아롱이가 곁에 있는 한 나는 아무리 나이가 들어도,
100살이 넘어도 할아버지가 아니라 아롱이의 아빠다.
영원한 아빠! 이것도 아롱이가 나에게 준 선물이다.

아롱이, 가족이 되다

아롱이는 은행잎이 노랗게 물들기 시작하던 어느 가을날, 선물처럼 우리 집에 왔다. 몇 년도였는지 가물가물해 핸드폰 사진을 찾아보니 2017년이었다. 하지만 정확히 몇 월 며칠이었는지는 기억나지 않는다. 다만 아롱이를 데리러 안동에 갔을 때, 처음 만난 공원 근처 식당 마당의 모과나무에 제법 큰 모과가 노랗게 달려 있었고 주차장을 둘러선 나무들은 울긋불긋 단풍으로 물들기 시작하던 모습이 기억난다. 아마도 가을의 초입쯤이었을 것이다. 정확한 날짜조차 기억하지 못한다는 사실이 새삼 아롱이에게 미안하다.

아롱이가 태어나서 우리를 만나기 전까지 살았던 곳은 강원도 춘천이었다. 아롱이의 엄마, 아빠, 형제자매를 함께 키우고 있던 아주머니와 통화를 하며 춘천까지 가기엔 너무 멀어 걱정이라고 말씀드렸더니 안동까지 데려다주겠다고 하셨다. 덕분에 우리는 안동에서 아롱이를 처음 만났다.

 안동의 어느 공원 같은 주차장에 차를 세우고 전화를 걸자, 바로 옆 차에서 어떤 아주머니께서 강아지를 안고 내렸다. 아롱이였다. 눈처럼 새하얀 털, 큰 눈과 새까만 코를 가진, 정말 작고 예쁜 강아지였다. 지금도 아롱이는 여전히 귀엽고 사랑스럽지만 처음 만났을 때는 주먹만 한 크기의 작은 강아지였는데, 그 귀엽고 예쁜 모습은 지금도 눈에 선하다. 아롱이를 처음 본 순간, '데리러 오길 정말 잘했구나' 싶었다. 아롱이는 처음 본 나를 낯설어하지 않고 품에 착 안겼다. 아주머니는 아롱이를 나에게 건네며 "건강하게 잘 키워달라."고 부탁하셨다. 우리가 차에 오를 때까지, 아주머니는 아롱이를 떠나보내는 것이 못내 아쉬운 듯 한참 동안 우리를 바라보고 계셨다.

 그렇게 아주머니와 작별한 뒤, 아롱이를 차에 태우고 부산을 향해 출발했다. 고속도로에 들어서자, 아롱이는 낯선 차 소리에 불안해했다. 특히 과속을 방지하기 위해 감속 요철이 설치되어 있는 도로를 달릴 때마다 울리는 윙윙거리는 소리에 몸을 심하게 떨었다. 결국 집에 도착할 때까지 아내가 몇 시간 내내 아롱이를 안고 있어야만 했다. 이렇게 해서 아롱이는 개엄마, 개아빠를 떠나 우리의 품으로 왔고 우리 가족이 되었다. 지금 생각해 보면 주변 지인들에게 부탁해서 분양받아도 되었을 텐데 굳이 춘천에 있는 강아지가 마음에 들어 안동까지 데리러 간 그 선택이 참 특별하고 귀하게 느껴진다.

 살다 보면 가끔 내가 한 어떤 행동이나 판단이 믿기지 않는 경우가 있다. 내가 내린 결정이지만 그때 왜 그렇게 판단하고 행동했는지 이해가 되지 않을 때가 있다. 아롱이를 데려온 일도 그렇다. 이런 걸 인연이라고 부르는 것일까? 우리 삶에서 사람들과의 만남과 일들이 늘 계획 속에서만 이루어지는 것은 아니다. 때로는 설명되지 않는 방식으로 우리에게 다가온다. 살아보니 모든 우연은 결국 필연이었고, 모든 필연 또한 우연이었다. 아롱이와의 만남도 처음엔 우연처럼 다가왔지만, 지금은 분명한 필연으로 느껴진다. 어쩌면 애초부터 우연이나 필연은 구분되는 것이 아니라, 우연이 곧 필연이고 필연 또한 우연인 것이다. 그것이 삶이고 인생이다. 아롱이와의 첫 만남은 우연으로 시작되었지만, 늘 함께하는 필연이 되었고 무엇보다 소중한 가족이 되었다.

아롱이는 햇살이 눈부시던 청명한 어느 가을날 선물처럼 우리에게로 왔다.

개 같은 아롱이

　아롱이는 올해(2025년) 여덟 살이다. 다른 사람들이 아롱이 나이를 물으면 나는 아롱이 나이가 일곱 살인지 여덟 살인지 늘 헷갈린다. 수첩을 보면 알 수 있지만 며칠만 지나면 또 가물가물해진다. 하긴 요즘은 사람 나이도 계산법이 달라져서 내 나이도 헷갈리는데 아롱이 나이를 기억하지 못하는 것도 무리는 아니다. 아마도 여덟 살이 맞을 것이다. 사실 우리 아롱이 생일은 애매하다. 우리 집에 처음 온 게 2017년 10월경이었고 그때 생후 두 달 정도 되었다고 했으니, 생일은 아마도 8월쯤일 것이다. 그래서 매년 8월이면 아롱이 생일잔치를 해주어야겠다고 생각하면서도 정해진 날이 없다 보니 해마다 그냥 지나칠 때가 많았다. 내가 아롱이를 그렇게 사랑한다고 하면서도 아롱이 나이도 생일도 정확하게 모른다고 생각하니 새삼 미안하기 그지없다. 아롱이가 말을 한다면 내게 서운하다고 말했을지도 모르겠다.

아롱이는 푸들이다. 나는 개 품종에 대해서는 크게 관심이 없다. 시고르자브종(시골 잡종견을 익살스럽게 부르는 말)이든, 혈통 있는 개든, '개'라는 개는 모두 좋다. 다만 우리 집에서 푸들을 키우게 된 것은 푸들이 개 중에서 털이 제일 적게 빠진다고 해서이다. 예전에 토끼를 키운 적이 있었는데 털이 너무 많이 빠져서 배수구가 막히는 일도 있었다. 게다가 우리 딸에게 아토피와 알레르기 증상이 있어 털 날림이 적은 푸들이 적합하다고 생각했다. 이전에 키웠던 보리 역시 푸들이었다.

아롱이는 여자다. 아롱이를 암컷이라고 하려니까 좀 그래서 다른 사람들이 아롱이 성별을 물으면 "여자예요."라고 말한다. 아내는 가끔 아롱이를 '가시나'라고 부르기도 하지만, 남자인 아빠가 '가시나'라고 하면 아롱이가 기분 나빠할 것 같아서 절대 '가시나'라는 말을 하지 않는다. 고매한 인격을 가진 내가 어떻게 우리 예쁜 딸에게 그런 말을 할 수 있겠는가. 사실 우리 큰딸에게도 한 번도 '가시나'라는 말을 해본 적 없다. 이 정도로 나는 교양이 있고 인품이 훌륭한 아빠다. 아롱이도 아빠의 훌륭한 인품을 알고 있을 것이다.

아롱이는 예민하고 도도한 성격이다. 잘 삐치기도 하고 기분도 쉽게 상한다. 특히 내가 "아롱아, 뽀뽀!" 하면 당장 달려와서 해주지만, 아내나 큰딸이 해달라고 하면 시늉만 하고는 금세 돌아서 버린다. 그런 모습을 보면 아롱이가 아빠를 제일 좋아하는 것 같아서 괜히 흐뭇해진다. 물어보진 않았지만 아롱이가 우리 집에서 아빠를 제일 좋아한다는 것은 확실하다. 그래서 아내는 아롱이를 '아빠 아롱이'라고 한다. 아롱이의 행동을 보면 아롱이는 천상(天生) 여자다. 우리 집에는 아내, 큰딸, 작은딸 아롱이, 이렇게 세 명의 여자가 있다. 공통점이 있다면 모두 예쁘고 조금 예민하며 살짝 까칠하다는 점이다.

아롱이는 털이 곱슬곱슬한데 그 모습이 꼭 양 같다. 가끔 파마(펌)를 한 것 같은 아롱이의 털과 얼굴을 보면 '얘가 양인가?' 하는 생각이 들 때도 있지만, 양보다는 몸매가 훨씬 날씬하다. 미용을 한 아롱이의 모습을 보면 영락없이 사슴을 닮았다. 크고 선한 눈, 까만 코, 예쁘고 귀여운 얼굴, 날렵한 몸매, 가늘고 긴 다리는 사슴이라는 말이 딱 어울린다.

아롱이는 정말 귀엽고 예쁘다. 선하고 큰 눈은 늘 촉촉이 젖어 있어 살짝 슬프고 아련한 느낌을 준다. 눈동자는 안쪽은 푸른빛, 가장자리는 갈색인데 쳐다보고 있으면 신비한 느낌이 들어 빨려들 것 같다. 코는 원래 새까맸는데 내가 코에 뽀뽀를 너무 많이 해서 그런지 아니면 냄새를 너무 많이 맡아서인지 지금은 살짝 갈색빛이 돌기도 한다. 당근이 코를 까맣게 하는 데 좋다고 해서 자주 줘봤지만 그다지 효과는 없었다. 아롱이는 우윳빛 털을 가지고 있다. 목욕을 하고 나면 눈처럼 하얀 느낌도 주지만 평소에는 우윳빛에 가까운 따뜻한 색감이다. 미용을 하고 나면 하얀 털 사이로 연분홍빛 피부가 살짝 드러나는데 그 모습이 참 예쁘기도 하지만 왠지 모르게 애잔하기도 하다.

아롱이는 몸매가 날씬하다. 날씬한 몸매는 아마 강아지계에서는 최고일 것이다. 플라톤(Platon)이 '이데아'로 표현한 개의 이데아(전형), 즉 완전한 개는 아롱이에게 딱 어울리는 말이다. 이런 아롱이가 워킹을 하면 정말 '개폼'이 난다. 일반적으로 '개', '개 같다', '개폼'은 좋지 않은 뜻으로 사용되지만 여기서는 최고의 찬사다. 정말 우리 아롱이는 '개 같고', '개폼'이 나며, '개답다'. 그야말로 개 중의 개다.

아롱이는 몸이 길쭉해서 보통 아롱이 몸무게에 맞춰 옷을 사면 길이가 짧아 입히지를 못한다. 그래서 몸길이에 맞춰 옷을 사면 이번엔 품이 잘 맞지 않는다. 겨울엔 배 쪽이 들떠서 춥지 않을까 걱정되어 얇은 옷을 한 겹 더 입히고 싶지만, 자유주의자인 아롱이는 옷 입는 걸 그다지 좋아하지 않는다. 그래서 할 수 없이 하나만 입히고 산책하러 나간다.

이런 아롱이의 몸매를 유지하기 위해 눈물을 머금고 먹는 것을 조절한다. 사실 아롱이에게 다이어트를 시키는 가장 중요한 이유는, 다리 관절이 약한 푸들이 살이 찌면 관절에 무리가 가기 때문이다. 그래서 아롱이가 살이 찌지 않도록 식사나 간식을 조절하는 것이다. 아롱이는 먹는 걸 정말 좋아한다. 지금까지 아롱이가 먹는 것을 사양하는 것을 단 한 번도 보지 못했다. 언젠가는 배 터지게 먹게 해주고 싶지만, 아직은 참고 있다. 히딩크(Hiddink) 감독의 말처럼 아롱이는 늘 배고프다. 강아지를 키워본 사람이라면 공감할 것이다. 주는 건 쉽지만 간식을 조절하는 게 얼마나 어려운 일인지.

좀 미안한 말이지만 내가 보기에 아롱이의 존재 이유는 '먹는 것'에 있는 것 같다. 먹고 나면 놀고 잔다. 정말 팔자 좋은 백성이다. 그래서 다음 생이 있다면 나도 개로 태어나고 싶다.

어엿한 숙녀인 아롱이의 모든 것을 이렇게 낱낱이 공개해도 되는지 잠시 망설였지만, 이 책을 읽는 이들에게 아롱이를 있는 그대로 소개하고 싶었다. 아니, 사실은 내가 예쁘고 사랑스러운 우리 아롱이를 자랑하고 싶은 마음이 더 컸을지도 모르겠다. 아롱이도 아빠의 마음을 충분히 알고 있을 테니 서운해하지는 않을 것이다. 게다가 예전에 여행 가서 호텔 매트리스에 실수했던 일은 굳이 밝히지 않았으니, 아빠가 아롱이의 자존심을 얼마나 소중히 여기는지도 잘 알고 있을 것이다.

어쨌거나 우리 아롱이는 개 중의 개, 개다운 개, 정말 개 같은 개다.

강아지 강씨의 시조

우리 집에서 아롱이는 여러 가지 이름으로 불린다. 아롱이, 롱이, 롱기, 롱아, 롱가, 울롱이, 아가, 아기처럼 다양한 애칭에 내가 기분이 좋을 때는 예쁜이, 예쁜 아기라고 부르기도 한다. 그러나 본명은 단연 '강아롱'이다.

아롱이 아빠인 나는 진주 강(姜)씨, 어사공파(御使公派)다. 아롱이는 아빠 딸이니 당연히 강 씨이다. 강 씨이기는 하지만, 강아지이므로 강아지 강씨이고 파는 견공공파다. 다시 말하면 아롱이는 강아지 강씨의 견공공파 시조라고 할 수 있다. 아롱이 성이 강 씨인 것은 물론 아빠가 성이 강 씨이므로 당연히 강 씨 성을 가질 수밖에 없겠지만, 강아지인 탓도 있다. 그러니까 아롱이는 어쩌면 진주 강씨이면서 동시에 강아지 강씨이기도 하다.

사실 아롱이의 파를 나처럼 어사공으로 하고 싶었지만, 아롱이의 개별성을 살려주기 위해 견공공파(犬公公派)로 하기로 했다. 예로부터 새로운 성씨(姓氏)는 주로 나라에 큰 공을 세운 공신들에게 왕이 하사했다. 이런 관례에 따라 아빠에게 무한한 기쁨과 즐거움, 행복을 주는 아롱이의 갸륵한 마음과 그 공을 어여뻬 여겨 우리 아롱이에게 성(姓)과 파(派)를 하사한 것이다. 물론 하사한 성에 대해서 아롱이가 동의하는지 안 하는지 알 수는 없지만, 아빠가 주는 성을 기쁘게 받아들일 것이라고 확신한다. 그리하여 아롱이는 강아롱이라는 이름을 얻어, 강아지 강씨의 견공공파 시조가 되었다. 요즘처럼 가족의 의미가 더 다양해진 시대에, 아롱이에게 성과 파를 지어주는 건 단순히 장난으로 한 것은 아니다. 그만큼 아롱이를 가족으로, 소중한 존재로 여긴다는 내 마음의 표현이다. 앞으로 반려견 등록을 한다면 당연히 강아롱으로 등록할 것이다.

처음에 말한 것처럼 아롱이는 여러 가지 이름이 있지만, 우리 집에서 가장 많이 부르는 이름은 아롱이다. 여러 이름 중에 "아롱아!" 하고 부를 때 유독 귀를 쫑긋거리며 적극적으로 반응한다. 다른 이름으로 불러도 아롱이는 눈치가 빨라서 알아듣기는 하지만, 모르는 체할 때도 있다. 그러나 간식이나 먹을 것을 줄 때 아롱이는 어떤 이름을 부르든 정확하게 알아듣고 달려온다.

평소에는 아롱아, 롱이야, 롱기야, 롱가야 등 애칭으로 부르지만, 예쁜 행동을 할 때는 "예쁜아" 혹은 "요 녀석아"라고 다정하게 부르기도 한다. 그러다가 아롱이가 입질을 하거나 말을 잘 안 들을 때는 "야, 인마!" 또는 "야, 이 녀석!"으로 호칭이 바뀐다. 아롱이가 입질을 하는 경우는 대체로 쉬고 있거나 자고 있는 아롱이를 내가 건드리거나 괴롭혀서 일어나는 일이다. 그럴 땐 내 잘못은 잊은 채 꾸중하거나 타박하기도 한다. 그러면 아롱이는 자기가 잘못한 것을 인정하는 듯이 방석에 납작 엎드려 벌벌 떨면서 애원하는 눈으로 나를 바라본다. 어쨌든, 아롱이가 잘못했거나 말을 듣지 않을 때 사용하는 호칭이 "인마!"와 "이 녀석!"이다.

그런데 이상하게도 아롱이를 꾸짖을 때 왜 "개놈아!" 혹은 "개새끼야!" 같은 말을 쓰지 않을까? 당연히 강아지는 개이고, 동물이니까 꾸중한다면 '개'를 붙인 호칭이 자연스러울 법도 하다. 그러나 그렇게 호칭하지 않는 것은 고매한 인격을 가진 아빠가 거친 말을 잘 못하는 성격 탓도 있지만, 그것보다는 아롱이를 사람과 같은 존재 또는 견격(犬格)을 지닌 독립된 인격체로 여기기 때문이다.

옛 어르신들이 손주나 손녀에게 "아이고 내 새끼, 아이고 내 강아지"라고 하면서 엉덩이를 토닥이던 모습 역시, 너무나 귀엽고 예쁜 손주를 강아지에 비유한 것이다. 물론 이러한 비유도 귀한 아이를 일부러 천하게 불러야 건강하게 오래 산다는 풍습에서 나온 것일 수도 있겠지만, 나는 그 말들 속에 강아지를 인간 못지않게 존중하고 사랑하는 마음이나 태도가 담겨 있다고 본다. 입질한 아롱이가 미워서 "야, 이 녀석!" 하고 혼을 내다가도, 금세 "귀여운 요 녀석!"으로 돌아서는 것은 아롱이가 단순히 반려동물이 아니라, 순수하고 사랑스러운 그 자체로 소중한 존재라는 내 마음의 표현이다.

아롱이도 이런 아빠의 마음을 잘 알고 있기에, 내가 "야, 인마!", "야, 이 녀석!"이라 했다고 해서 서운해하거나 삐지지는 않을 것이다. 우리 아롱이는 그 정도 속이 좁거나 이해심이 부족한 소견배가 아니다. 게다가 우리 아롱이는 전통 있고 품격 있는 '강아지 강씨'의, 당당한 '견공공파 시조'가 아니던가.

아롱이는 쫄보가 아니야

　우리 아롱이는 정말 겁이 많다. 간이 생기다 말았는지 시도 때도 없이 놀라고 벌벌 떤다. 이런 아롱이를 보면 정말 안쓰럽고 애처롭다. 아롱이에게 미안하지만, 아롱이는 미용실 아주머니 말씀처럼 '쫄보'가 맞는 것 같다.

　일반적으로 개의 청력은 사람보다 4배 이상 발달되어 있다고 하는데, 그래서인지 아롱이는 귀가 정말 밝다. 귀가 밝은 것까지는 좋은데 밖에서 조금만 소리가 나도 아롱이는 '왈왈왈' 하고 짖는다. 짖는 소리가 이웃에게 피해를 줄까 싶어 아무리 그만하라고 해도 잘 멈추지 않는다. 결국 아롱이를 데리고 현관문까지 가서 아무도 없다는 것을 확인시켜 주면 짖기를 멈춘다. 아롱이가 짖기 시작하면 "아롱아, 왜 짖어, 짖지 마!" 하다가 결국 "야, 인마. 가보자. 밖에 누가 있는지." 하며 같이 나간다. 처음엔 용감하게 앞장서던 아롱이는 중간쯤 가면 멈춰 선다. 출입문 가까이는 절대 먼저 가지 않는다. 현관문을 열면서 "봐 인마, 아무도 없잖아, 아무도 없지?" 하고 확인시켜 준 후에 돌아서 들어오면 아롱이는 그제야 안심하고는 따라 들어온다.

아롱이는 내 기침 소리나 재채기 소리에도 화들짝 놀란다. 그래서 '에취' 하고 나면 습관적으로 아롱이에게 "아롱아, 미안." 하고 사과를 한다. 그러면 아롱이는 놀란 눈을 반짝이며 '아빠는 왜 갑자기 나를 놀라게 해요?'라고 하는 듯한 표정으로 나를 빤히 바라본다. 또 산책을 하다가 낙엽을 밟고는 그 소리에 자기가 놀라 후다닥 뛰기도 하고, 과자 봉지가 바람에 날려 오거나 현수막이 펄럭거리기만 해도 놀라서 내게 바싹 달라붙는다. 비둘기를 보면 한 마리일 때는 쫓아가지만 여러 마리가 모여 있으면 비둘기 쪽으로 쫓아가지 못하고 못 본 체하고 지나간다. 또 길에서 아기 고양이를 만나면 쫓아가지만, 덩치 큰 고양이가 몸을 웅크리며 하악질을 하거나 고양이가 두세 마리만 모여 있어도 쓱 외면하고는 조용히 그 자리를 피한다. 예전에는 "아롱아, 공격해! 공격해!"라고 장난치며 부추겼지만 요즘은 괜히 아롱이의 자존심이 상할까 봐 나도 못 본척하고 그냥 지나간다. 그리고 아롱이에게 말한다. "우리 아롱이는 평화주의자잖아. 냥이도 친구니까 사이좋게 지내야 해!"라며 아롱이의 체면을 세워준다. 물론 이 말에는 내 진심도 담겨 있다. 정말 웃기는 건, 산책 중에 파리가 '앵' 하고 날아다녀도 아롱이는 후다닥 놀란다는 것이다.

특히 아롱이는 미용실을 가거나 병원에 갈 때는 집에서부터 덜덜 떨기 시작한다. 이때는 목줄을 짧은 것을 하고 가는데, 짧은 목줄을 가지고 오면 그때부터 불안한 기색을 감추지 못한다. 미용실에 가면 너무 심하게 떨어서 애처롭기 그지없다. 이런 모습을 보고 미용실 아주머니께서 아롱이에게 '쫄보'라는 별명을 지어주셨다. 미용을 마칠 때쯤 데리러 가면 아롱이는 마치 구세주가 나타난 듯 팔짝팔짝 뛰며 나에게 재빨리 안긴다. 이 세상에서 언제나 아롱이 편인 아빠가 와서 안도하는 것 같아 마음이 짠하기도 하고 기쁘기도 하다.

병원에 갈 때도 마찬가지다. 집에서 출발할 때부터 긴장이 되는지 몸을 떨거나 연신 하품을 한다. 차 안에서 아롱이는 덜덜 떨면서도 병원 가는 길거리의 모습을 구경하고 싶어 한다. 창문을 열어주면 병원에 간다는 걸 잠시 잊었는지 창밖으로 고개를 내밀고 여기저기 구경하는 모습이 정말 웃프다. 병원에 도착하면 내가 안고 주사를 맞히는데, 평소에는 잘 안기지 않는 녀석이 아빠가 옆에 있어 안심이 된다는 듯이 자청해서 내 품에 폭 안긴다. 진료를 마치고 돌아오는 길엔 긴장이 풀려서인지 엎드려서 자기도 하고, 운전하고 있는 아빠 무릎 위에 허락도 없이 마음대로 앉아 있기도 한다. 집 안에서도 가끔 발톱이 카펫에 걸렸는지 이유는 모르겠지만 '깨갱' 하고 소리를 내고는 한참 동안 꼬리를 내리고 있다. 최근 윗집에서 공사를 하는 바람에 망치 소리와 드릴 소리에 책상 밑에 숨거나 몸을 바들바들 떠는 시간이 더 많아져서 보기에 더없이 안쓰럽다.

우리 아롱이가 제일 무서워하는 것은 천둥소리와 번개다. 이제는 비가 오면 천둥이나 번개가 친다는 것을 연상하고는 빗소리만 들려도 덜덜 떨기 시작하고, 주방에서 음식을 끓이거나 튀기는 소리가 들려도 빗소리로 생각하고 몸을 떤다. 그래서 비 오는 날이면 비 오는 것이 보이지 않도록 아예 집의 창문을 모두 닫고 커튼도 내린다. 하지만 보일러 연통 위로 '통통' 하고 떨어지는 빗소리는 들리지 않게 할 방법이 없어 안타깝다. 외출해 있을 때 비가 오거나 천둥번개가 치면 나는 아롱이가 걱정되어 마음이 조급해진다. 그래서 강의 등 공식적인 일정이나 정말 중요한 일이 아니면 곧장 집으로 달려간다. 아롱이를 강하게 키워야 한다고 생각하면서도 혀를 빼물고 사시나무 떨듯이 혼자 떨고 있을 아롱이를 생각하면 발걸음이 급해질 수밖에 없다. 급하게 집에 도착해서 문을 열고 들어서면 아롱이는 덜덜 떨면서도 달려 나와 어느 때보다도 격하게 나를 반긴다.

산책을 하다가도 근처 아파트 신축공사장에서 '쿵쿵' 하고 소리가 나면 그쪽으로 가다가도 꼬리를 내리고 돌아선다. 내가 그냥 가자고 목줄을 당겨도 절대로 그쪽으로 가지 않으려고 한다. 미용실 아주머니 말처럼 우리 아롱이는 정말 쫄보일지도 모른다.

그러나 나는 그렇게만은 생각하지 않는다. 아롱이는 청각이 무척 발달해 있어 소리에 예민하고, 덩치가 작다 보니 스스로 자신을 보호하기 위해 낯선 것에 민첩하게 반응하는 것이라고 본다. 그뿐만 아니라 아롱이가 쫄보가 아니라는 것은 산책할 때 모든 친구에게 스스럼없이 다가가고 처음 본 사람들과도 금방 친해지는 것을 보면 알 수 있다. 또 아롱이는 낯선 길이나 새로운 곳을 탐색하는 것을 즐긴다. 결정적으로 아롱이는 여행을 가서 잠을 잘 때 고개를

문 쪽으로 향한 채 잔다. 마치 불침번을 서듯이. 그리고 밖에서 소리가 들리면 집에서와는 달리 문을 향해 다가서서 도끼눈을 하고서는 밖을 주시한다.

오히려 아롱이는 우리 가족을 위해서는 이 세상에서 가장 용감하고 씩씩하다. 소리에 좀 예민하게 반응하긴 하지만 아빠가 욕실에 들어가 있으면 늘 문 앞에 앉아서 기다리고, 대문 밖에서 소리가 나면 겁이 나면서도 용기 내어 '월월월' 짖으며 달려 나간다. 가족을 지키려는 마음, 그 마음 하나는 그 어느 개보다도 크고 강하다. 아롱이는 절대 '쫄보'가 아니다.

나는 아롱이가 무서움을 모르는 강아지라서가 아니라, 무서워하면서도 용기를 내는 모습에 더 감동한다. 파리가 날아다니는 소리, 빗소리에도 놀라고 겁내는 '쫄보'일지 몰라도, 결정적인 순간에는 아빠와 가족을 지켜줄 것이 확실하다. 아롱이는 쫄보지만 용감하다.

멋진 우리 아롱이, 쫄보라도 좋아.

밥보다 아빠

아롱이는 먹는 것과 노는 것을 좋아하지만 특히 먹는 것을 정말 좋아한다. 가끔 다른 집 아이들은 잘 먹지 않아서 걱정하는 경우도 있다고 하는데 아롱이는 무엇이든 참 잘 먹는다. 사료나 간식은 물론이고 고기, 채소, 과일 등 사람이 먹는 음식도 가리지 않는다. 아롱이는 사료를 바꿔도 전혀 상관없이 그릇을 싹싹 비운다. 가끔 다른 아이들은 사료를 바꿀 때 새로운 사료에 적응시키기 위해서 이전 것과 섞어 먹이다가 점차 새로운 사료로 바꾼다고 하는데 아롱이는 이런 과정이 필요 없을 정도로 주는 대로 먹는다. 아롱이는 상추, 배추, 무, 당근 등도 잘 먹는데 배추나 상추를 먹고 있는 모습을 보면 꼭 토끼 같은 느낌이 든다. 우리 아롱이에게 "개 풀 뜯어먹는 소리 하지 마라."라는 말은 해당되지 않는다. 왜냐하면 아롱이는 풀(채소)도 잘 먹기 때문이다. 그런데 아롱이는 고기를 먹을 때는 채소를 주면 받아서 옆에 두기만 하고 먹지는 않는다. 맛있는 고기를 먼저 먹고 채소를 먹겠다는 생각이다.

아롱이는 사람이 먹는 음식, 그중에서도 아빠가 먹는 것은 무엇이든 먹으려고 한다. 우리가 식사를 하고 있으면 아롱이는 늘 아빠 옆에 와서 다정한 눈빛으로 바라보거나 눈에 가장 잘 띄는 곳에 가서 세상에서 가장 얌전하고 착한 표정으로 앉아 있다. 맛있는 냄새가 나면 혀를 날름거리거나 침을 흘리기도 하고 음식이 움직이는 방향을 따라 눈동자가 함께 움직이기도 한다. 나는 이때까지 아롱이가 주는 것을 다 먹지 않고 남겨두는 모습을 거의 본 적이 없다. 주면 주는 대로 무엇이든지 받아먹는다. 그래서 가끔은 아롱이가 배가 터질 만큼 마음껏 먹게 해주고 싶지만 아직 그렇게 해본 적은 없다.

산책하러 나가면 종종 연두라는 친구를 만난다. 연두는 덩치가 큰 '시고르자브종'인데 아주머니와 딸이 함께 산책시키는 강아지이다. 멀리서 연두를 보면 나도 반가워하고 연두도 우리를 향해 몸을 흔들며 다가온다. 아롱이도 연두를 좋아하는 듯하지만, 사실은 연두보다는 연두 언니와 아주머니를 더 좋아한다. 왜냐하면 그분들이 아롱이에게 간식을 주시기 때문이다. 연두 언니와 아주머니께서 간식을 한번 주시면 아롱이는 아련하고 애절한 눈빛으로 다시 주기를 기다린다. 남은 간식까지 다 받아먹은 뒤에도 그분들이 가면 아롱이는 따라가려 한다. "아줌마 따라갈래?"라고 장난스럽게 말하면, 아롱이는 정말 따라갈 태세다. 그럴 땐 그동안 내가 먹이고 입히고 돌본 공은 어디 갔나 싶어 살짝 허탈하고 배신감도 들지만, 눈치 보지 않고 원하는 대로 행동하는 아롱이가 너무 순수하고 귀여워 미워할 수가 없다.

아롱이는 고기를 특히 좋아한다. 개가 잡식성이긴 해도 원래 육식성이 있으니 고기를 좋아하는 건 당연하지만, 우리가 고기를 먹으면서 주지 않으면 기다리다 못해 부들부들 떤다. 보고 있기가 애처로워 고기를 그릇에 담아주면 씹지도 않고 꿀떡 삼키고 다시 간절한 눈빛으로 나를 바라본다. 그래서 요즘은 외식을 하고 남은 고기가 있으면 고기를 좋아하는 아롱이를 위해 챙겨 올 때가 있다. 아롱이를 키우기 전에는 그런 사람을 보면 좀 극성스럽다고 생각했는데, 이제는 내가 그렇게 바뀌었다. 그러다 보니 내 마음을 아는 사람들은 고기를 일부러 좀 남겨서 챙겨주시기도 한다.

아롱이는 먹을 것 앞에서는 살짝 잔머리를 굴리기도 한다. 우리가 계란프라이 같은 걸 먹고 있으면 사료를 줘도 안 먹고 조용히 우리를 바라본다. 그런 줄 알고 일부러 남겨둔 계란을 아롱이 밥 위에 얹어주거나 손으로 건네면 재빨리 받아먹고, 그제야 사료를 먹으러 가는데 이런 잔머리도 귀엽다. 어쩌면 그것은 사람처럼 계산하는 게 아니라, 오직 '먹고 싶은 것'을 위해 온전히 집중하는 것이기에 아롱이의 잔머리는 오히려 더 정직하고 사랑스럽게 느껴진다.

아롱이는 먹는 것과 관계되는 말은 정말 잘 알아듣는다. 고기는 물론 '밥', '간식', '먹자', '계란', '파스타', '먹을래' 같은 말에는 즉각 반응한다. 아이들이나 개나 자신이 좋아하고 관심 있는 것은 잘 기억하는 모양이다. 이런 아롱이의 모습을 보면 우습기도 하고 귀엽기도 하다.

특히 아롱이가 좋아하는 고기나 밥 속에 있는 콩을 줄 때 아롱이는 이 세상에서 최고로 다정한 눈빛으로 바라보며 받아먹는다. 나는 우리 아롱이의 눈빛을 이렇게 해석한다.

"맛있는 거 주는 아빠가 이 세상에서 최고 좋아!"
"아빠가 준 거 진짜 맛있어!"
"아빠, 좀 더 없어?"

가끔은 아롱이에게 먹을 것을 주면 잽싸게 잡아채듯이 물고 가는 평상시와는 달리, 손에 있는 것을 입으로 살포시 물고서는 아련한 눈빛으로 감사하다는 듯이 쳐다보며 맛있게 먹는다. 이런 아롱이의 모습을 보면서 브라이언 헤어와 버네사 우즈가 『다정한 것이 살아남는다』에서 "진화의 승자는 최적자가 아니라, 다정한 자였다."라고 한 말에 깊이 공감하게 된다. 무엇이든지 먹으려고 하는 아롱이의 눈빛이 부담스러울 때도 있지만, 잘 먹지 않는 강아지 때문에 걱정하는 반려인들을 생각하면 고마울 따름이다. 나는 우리 아롱이가 나이가 들어도 지금처럼 무엇이든지 잘 먹고 그릇을 싹싹 비웠으면 좋겠다.

아롱이는 씻고 말린 후나 털을 빗기고 난 후 그리고 양치질을 한 후 등등 무엇을 하고 난 후에는 반드시 보상으로 간식을 주어야 한다. 싫어하는 목욕도, 빗질도, 드라이기로 털 말리는 것도, 양치질도 참고 하는 것은 모두 간식 때문이다. 만일 내가 아롱이를 목욕시키고 나도 씻는다고 빨리 나오지 않으면 아롱이는 몇 번이나 문을 살짝 밀어서 열어본다. 아빠가 욕실에서 나오지 않는 것이 걱정되어서라고 믿고 싶지만, 사실은 빨리 나와서 간식을 달라는 행동이다. 아빠가 씻기는 수고를 하므로 아롱이가 나한테 보상을 해야 할 것인데, 거꾸로 씻기고 말리고 양치질해 준 아빠가 보상을 해야 하니까 웃긴다고 생각하면서도 그 모습이 귀여워 즐거운 마음으로 간식을 준다. 사람들이 자녀들을 양육할 때도 강아지를 대하듯이 욕심을 버리고 작은 일이나 행동에도 칭찬하고 격려한다면 아마도 정말 바람직한 교육이 될 것이다.

아롱이를 혼자 남겨두고 외출할 때는 혼자 있는 것이 안쓰러워 간식을 조금 주고 나간다. 그러면 아롱이는 아빠가 나가는 것에는 신경 쓰지 않고 먹는 데만 집중한다. 살짝 서운하기는 하지만 그래도 마음 편하게 나갈 수 있어서 좋다. 오히려 주고 나간 간식이나 밥을 돌아올 때까지 먹지 않은 채 그대로 놔둔 경우가 간혹 있는데 그 모습을 보면 마음이 너무 짠하다. 그러나 내가 집에 올 때는 나갈 때와 전혀 다르다. 아빠가 현관문을 열고 들어서면 아롱이는 간식이나 밥을 먹다가도 쫓아 나와서 반기고는 다시 먹던 곳으로 간다. 먹는 것을 그렇게 좋아하는 아롱이가 아빠가 왔다고 인사하러 나오는 게 대견하다. 그리고 아빠 방으로 들어와서는 평소보다 짧긴 하지만 침대에서 뽀뽀 세리머니를 하고 간다. 역시 밥보다는 아빠다. 격하게 뽀뽀를 하는 보통 때와는 달리 뽀뽀하는 시늉만 한 번 하고서 빨리 가긴 하지만 그래도 아빠가 서운해할까 봐 꼭 인사를 한다. 우리 아롱이는 정말 예의가 바른 착하고 예쁜 딸이다. 먹는 것을 너무 좋아하는 먹보 딸이지만 그 모습마저 사랑스럽고 귀엽다. 이 맛에 우리 딸 아롱이를 키운다.

노는 게 제일 좋아

아롱이는 노는 걸 정말 좋아한다. 어쩌면 하루 중 먹고 자는 시간을 제외하곤 온통 '놀기'만 생각하는 것 같다. 어떤 날은 내가 침대에서 일어나기도 전에 엽기 닭 '꼬끼'를 물고 와 침대 위에 올려놓기도 하고, 밤중에 화장실에 갈 때도 따라 나와 장난감을 물고 와서는 내 앞에 두기도 한다. 책상에서 책을 보거나 작업을 하고 있으면 옆에 와 두 발로 일어서서는 다리나 팔을 긁고, 그래도 반응이 없으면 주둥이로 치면서 놀아달라고 조른다. 일 때문에 바빠서 작업을 계속하려다가도 눈이 마주치면 놀아달라는 아롱이의 요청을 거절할 수가 없어서 "그래 아롱아, 좀 놀자." 하고 침대 쪽으로 간다. 침대에서 아롱이와 레슬링이나 씨름을 잠시 하고 나서 다시 하던 일을 하기 위해서다. 그런데 아롱이는 나와 늘 생각이 다르다. 아롱이는 앞장서서 거실로 나간다. "아니, 아롱아, 이리 와. 여기서 놀자."

하고 침대로 유도하려 해도 아롱이는 전혀 올 생각이 없다. 오히려 앞장서서 가면서 두세 걸음 가다가 돌아서서 쳐다보고 또 조금 가다가 쳐다보곤 한다. 할 수 없이 아롱이를 따라서 거실로 나가서 아롱이가 하고 싶어 하는 놀이를 할 수밖에 없다.

 아롱이는 내가 집에 오면 격하게 반기며 세리머니를 하고, 거실로 바람처럼 달려가 장난감을 물고 온다. 또 놀아 달라는 것이다. 방금 '으르렁'거리며 이빨을 드러내 놓고서도 장난감을 물고 와서 놀아달라고 내 앞에 둔다. 텔레비전을 보며 이야기를 하고 있을 때도, 부엌에서 설거지를 하고 있을 때도, 거실에서 스트레칭을 하고 있어도 아롱이는 장난감을 물고 와서는 내 옆이나 앞에 놓아두고 놀아주기를 기다린다. 못 본척하고 할 일을 하고 있으면 망부석처럼 앉아서 하염없이 쳐다보며 기다리고 있다. 그러면 할 수 없이 아롱이와 놀아줄 수밖에 없다. 사람 같으면 잔소리도 하고 짜증이라도 내겠지만 말 못 하는 아롱이의 이런 행동을 보면 어이가 없기도 하고 귀엽기도 해서 그저 웃으면서 같이 놀게 된다. 어쩌면 아롱이의 머릿속에는 온통 노는 것밖에 없는 것 같다. 하긴 인간도 마찬가지다. 인간은 먹고 자고 노는 것 외에 일을 하지만 일하는 것도 먹고살기 위해서라고 보면 개나 인간의 삶이 크게 다르지 않다.

 아롱이는 혼자 노는 법이 없다. 꼭 사람과 함께 놀려고 한다. 사실 사람도 혼자 놀면 재미가 없고, 혼자 놀기 쉽지 않으니까 충분히 이해는 된다. 아롱이의 놀이 상대는 우리 집에서는 아빠다. 우선 아롱이는 장난감을 물고 와서는 주로 내 앞에 둔다. 못 본 체하고 있으면 한참 동안 기다리다가 그래도 반응이 없으면 엄마한테 물고 가서는 또 그 앞에 두고 기다린다. 할 수 없이 아롱이와 놀아줄 수밖에 없다. 엄마나 아빠하고 놀다가 장난감이 소파 밑이나 구석으로 들어가 물고 오기 어려운 곳으로 가면 아롱이는 그 앞에서 '얼음'이 되어 꼼짝하지 않고 아빠를 쳐다보며 또 한없이 기다린다. 빨리 꺼내서 놀자는 말이다.

내가 작업하다가 소파에 엎드려 있는 아롱이를 보고 "우리 아롱이 정말 예쁘네~"하고 말하면, 그 말이 끝나기도 전에 장난감 통에 가서 놀고 싶은 장난감을 물고 온다. 나는 아무 생각 없이 예쁘다고 말했는데, 아롱이는 '예쁘다'라는 말을 '놀자'로 해석한 것 같다. 아니면 '내가 예쁘니까 놀아주세요'라고 생각한 걸까? 그런데 아롱이에게 "아롱아, 놀자."라고 하면 장난감을 물고 오는 걸로 봐서는 '예쁘다'와 '놀자'를 구분하긴 하는 것 같기도 하다. 그렇게 생각하면 '내가 예쁘니까 놀아달라'는 것이 맞는 것 같다.

아롱이가 가장 좋아하는 놀이는 '잡기 놀이'이다. 잡기 놀이는 도망 다니는 아롱이를 내가 따라다니며 잡는척하는 놀이이다. 도망 다니는 아롱이를 쫓아다니며 잡는척하다가 일부러 놓치면 아롱이는 더욱 신나서 토끼나 캥거루처럼 여기저기를 후다닥 뛰어다닌다. 잡기를 멈추고 잠시 쉬고 있으면 아롱이는 다시 나한테 와서 발로 긁거나 주둥이로 치면서 도발을 한다. 이렇게 10분쯤 놀고 나면 나도 땀이 나고 아롱이도 숨을 헐떡거린다. 그러다가 아롱이는 목이 마르는지 물그릇에 가서 물을 먹은 다음 배변 패드에 가서 쉬야를 하고는 다시 놀자고 달려온다. 이런 아롱이의 모습을 볼 때마다 아롱이의 머릿속에는 도대체 무엇이 들어 있는지 정말 궁금하다. 우리 큰딸이 어릴 때는 이렇게 자주 놀아주지 못했는데, 내가 생각해도 아롱이에게는 정말 지극 정성이다.

아롱이는 달리기를 좋아하고 정말 잘 달린다. 특히 넓은 생태공원 풀밭에 가서 달리면 아롱이는 바람처럼 달린다. 뛰는 모습은 꼭 토끼 같다. 아빠가 뛰어가면 뒤따라 달리기도 하고, 공이나 솔방울을 던지거나 차주면 뛰어가서 물고 오기도 한다. 멀리서 아롱이 이름을 부르면 정말 바람같이 날쌘돌이가 되어 달려온다. 이때 아롱이의 모습은 정말 멋있다. 아롱이가 생태공원에서 이렇게 달린 날은 잠을 정말 잘 잔다. 코를 골며 자기도 하고 달리는 것처럼 발을 움직이면서 자기도 한다. 아롱이가 무슨 꿈을 꾸었는지 물어보지는 않았지만 아마도 아빠와 같이 생태공원에서 달리는 꿈을 꾸었던 게 아닐까 싶다.

또 밖에서 하는 놀이 중에는 숨바꼭질 놀이가 있다. 숨바꼭질 놀이는 어린 아기들에게 부모들이 살짝 숨었다가 '짠' 하고 나타나는 놀이와 비슷하다. 함께 가다가 아롱이가 앞서갈 때 나무나 건물 뒤에 살짝 숨으면 아롱이는 두리번거리며 아빠를 찾는다. 재미가 있어 자주 하긴 하지만 혹시 아롱이가 아빠에게 버림받았다고 생각할까 봐 오래 숨어 있지는 않는다. 그런데 아롱이는 숨어 있는 나를 잘 찾지 못한다. 개들은 냄새를 잘 맡기 때문에 금방 냄새를 맡고 찾을 줄 알았는데, 아롱이가 나를 찾지 못하고 그 자리에서

얼음이 되어 서 있는 경우가 많다. 그러다가 살짝 모습을 보이거나 "아롱아" 하고 부르면 바람같이 달려온다.

이렇게 아롱이는 정말 잘 논다. 가끔은 자꾸 놀아달라고 조르는 아롱이의 행동이 살짝 부담스러울 때도 있지만, 귀엽기도 하고 혼자 있는 것이 안쓰러워서 외면할 수가 없다. 바빠서 놀아달라는 아롱이의 청을 들어주지 못할 때는 너무 미안하다. 이 세상에 아롱이가 믿고 의지하는 존재라고는 사람인 아빠와 엄마밖에 없는데, 그런 아롱이의 청을 들어주지 못해서이다.

가끔 아롱이가 놀지 않고 방석이나 소파에 조용히 엎드려 있으면 어디가 아픈 건 아닌지 걱정이 된다. 가끔 반려견을 키우는 지인들에게 개도 나이가 들면 잘 보지 못하고 듣지도 못하며, 놀지도 먹지도 않게 된다는 말을 들을 때가 있다. 이제 우리 아롱이도 여덟 살이므로 건강을 챙겨야 할 나이다. 아롱이가 건강하고 놀고 싶어 할 때 마음껏 놀 수 있도록 해주어야겠다.

흔히 잘 노는 아이가 건강하고 공부도 잘한다고 한다. 우리 아롱이도 잘 노니까 건강한 것은 물론이고 만약 공부를 한다면 분명 잘할 것이다. 물론 아롱이와 함께 놀아주는 것이 가끔 힘들 때도 있지만, 그만큼 건강하다는 증거이고, 또 혼자 있는 아롱이에게 그 시간이 얼마나 소중한지를 알기에 체력이 허락하는 한 아롱이의 견생이 행복하도록 함께 노는 시간을 더 많이 가질 것이다.

"아롱아, 내일은 뭐 하고 놀까? 오랜만에 생태공원 한번 가볼까? 좋아, 내일은 생태공원으로 가자! 레츠 고, 고, 고!"

아빠가 되기까지

 아롱이가 우리 집에 오기 전, 생전 처음으로 함께한 반려견 보리에게 나는 '아저씨'였다. 보리에게 오라고 할 때도 "보리야, 아저씨에게 와봐."라고 했고, 산책을 시킬 때도 "보리야, 아저씨랑 산책 가자."라고 했다. 사실 내가 아저씨라고 했던 것은 딱히 어떤 의미가 있어서가 아니라, 보리에게 어떤 호칭을 써야 할지 마땅치 않아서 그냥 편하게 부를 수 있는 말이었기 때문이다.
 그 시절만 해도, TV에서 강아지를 데리고 나온 사람들이 '아빠'나 '엄마'라고 부르는 걸 보면 속으로 '왜 저렇게 호칭을 하지?', '사람도 아닌데, 저렇게 호칭을 해도 되나?' 하는 생각이 들었다. '개가 아무리 좋아도 그렇지. 좀 심하지 않나?'라는 생각도 했고, '강아지를 키우는 사람이 아빠나 엄마라고 하면 결국 본인도 개라는 건가?' 하며 그땐 그런 생각에 혼자 웃기도 했다. 정확하진 않지만 내가 처음 보리에게 '아빠'라는 말을 했던 건, 아마 보리를 외할머니 댁에 보내기 전후였던 것 같다.

보리를 외할머니댁에 보내고 난 후, 아롱이를 우리 집에 데려올 때는 처음부터 자연스럽게 '아빠'라고 불렀던 것 같다. 그렇게 부른 이유는 분명하지 않은데 아마도 보리를 여러 해 키우다 보니 강아지에게 친근감이 생겼고, 처음 보리가 왔을 때보다는 강아지를 훨씬 더 좋아했기 때문일 것으로 짐작된다. 어쩌면 강아지도 사람과 똑같다는 마음이 들어서였을지도 모르겠다. 아이들도 입양하고 나면 자연스럽게 가족이 되고 엄마, 아빠라고 부르는 것처럼 아롱이도 우리 집에 왔으니까 우리 가족이 되었고, 나는 자연스럽게 아빠가 된 것이다.

그렇게 나는 어느 날부터 '아롱이 아빠'가 되었다. 아빠라고 부르니 훨씬 편하고 친근하고 좋다. 사실 우리 큰딸은 이제 다 커서 멀리 객지에 나가 있다 보니 아빠라는 말을 듣거나 할 기회가 별로 없다. 그런데 아롱이 덕분에, 나는 다시 아빠가 되었다.

"아롱아, 아빠랑 산책 가자."
"아빠는 아롱이가 이 세상에서 제일 예뻐."
"아빠는 아롱이 사랑해, 아롱이도 아빠 사랑해?"
"아빠가 나가서 돈 많이 벌어 올 테니까 울지 말고 집 잘 지키고 있어."

이처럼, 내 일상은 아빠라는 말로 가득 차게 되었다. 집 안이든 밖이든, 다른 사람이 있든 없든 상관없이 나는 아롱이의 아빠로 살아간다. 자녀가 결혼해서 손주가 있는 친구들은 대부분 할아버지와 할머니가 되었지만, 나는 여전히 어린 딸이 있는 아빠이고 아빠의 인생을 살아가고 있다.

가끔 제자들이나 지인들이 "나이보다 젊어 보이세요."라고 하는데, 그것은 어리고 예쁜 딸, 아롱이 덕분이 아닐까 싶다. 앞으로도 아롱이가 곁에 있는 한 나는 아무리 나이가 들어도, 100살이 넘어도 할아버지가 아니라 아롱이의 아빠다. 영원한 아빠! 이것도 아롱이가 나에게 준 선물이다.

보리야,
미안해

보리는 우리 집에서 처음으로 키운 강아지이다. 사실 우리는 강아지를 키울 계획이 전혀 없었다. 더구나 내가 개를 좋아하리라고는 꿈에도 생각하지 못했다.

그런데 객지에 홀로 떨어져 대학에 다니던 딸이 외로웠던지 펫숍에서 보리와 눈이 마주친 후에 그 눈길에 끌려 덜컥 강아지를 사서는 원룸에서 혼자 키웠다. 그러던 중 케어가 힘들어 이모에게 부탁도 해보고 하다가 도저히 방법이 없었는지 엄마, 아빠가 보리를 데리고 갔으면 좋겠다는 연락이 왔다. 우리도 난감했지만 그렇다고 살아 있는 생명을 밖에 내다 버리라고 할 수도 없어 데리고 오게 되었다. 이렇게 해서 어느 날 갑자기 우리는 아무 준비도 없이 보리를 키우게 되었다.

보리는 갈색 미니 푸들이었다. 보리라는 이름은 갈색 털을 가진 보리가 잘 익은 농작물 '보리'의 색깔과 비슷한 보리 빛이라고 딸이 붙인 이름이다. 처음 딸의 원룸에서 보리를 봤을 때, 귀엽고 예쁘긴 했지만 너무 작아서 키울 엄두가 나지 않았다. 우리는 일단 집으로 데리고 가서 며칠 데리고 있다가 키울 사람을 찾자고 마음먹고, 보리를 켄넬에 넣어 기차를 타고 집으로 왔다. 밤 9시쯤 집에 도착한 후에 보리를 켄넬에서 꺼낸 후 방에 내려놓았는데 숨은 쉬지만 눈도 뜨지 않고 미동도 없이 누워 있었다. 혹시 죽는 건 아닐까 싶어 너무 놀라 급히 응급실을 운영하는 동물병원을 수소문해 데려갔다. 수의사 선생님은 보리가 어린 데다 장거리 여행으로 너무 피곤해서 자는 것이라고 했다. 그 순간 안도감이 들면서 너무 놀라 허둥댄 것이 허무하기도 하고 우습기도 했다. 이튿날이 되자 정말로 보리는 아무 일 없다는 듯이 꼬물거리면서 집 안 여기저기를 헤집고 다니기 시작했다. 이런 우여곡절을 겪으면서 귀엽고 예쁜 보리는 언니를 떠나서 엄마, 아빠가 사는 부산으로 왔다.

 보리는 갈색 눈과 까만 코, 새까만 입이 정말 귀엽고 예뻤다. 그야말로 요즘 유행하는 무해력(無害力) 그 자체였다. 거기에다 사람을 너무 좋아했다. 지금도 그렇지만 보리는 사람 옆에 붙어 있거나 안기는 걸 좋아했다. 늘 엄마나 아빠 옆에 붙어 있거나 무릎 위에 올라와 앉고, 아무에게나 가서 안기곤 한다. 그래서 보리가 자신을 사람으로 알고 있는 것이 아닐까 하는 생각이 들어서 내 카카오톡 프로필에 "보리는 개다."라는 문구를 써두기도 했다. 그랬더니 어느 날 박사과정 제자가 조심스럽게 그 문구에 성철 스님의 "산은 산이요, 물은 물이다."처럼 어떤 심오한 뜻이 있는지를 물었다. 나는 보리가 자신을 사람으로 아는 것 같아 그냥 나 혼자 해본 말이라고 대답하고 같이 웃었다.

　보리의 귀엽고 예쁜 행동 탓에 잠시만 우리 집에 데리고 있다가 다른 집으로 보내려고 했던 우리 계획이 바뀌게 되었다. 너무 작고 귀여운 데다 함께 지내다 보니 정이 들어서 도저히 떠나보낼 수 없었다. 반려견을 처음 키우다 보니 모르는 것도 많고 당황스러운 상황들이 자주 생겨 고민스러울 때가 많았다. 나는 완전 초보 '개 집사'였고, 아내는 어릴 적 개를 키운 적이 있지만, 실외에서 키우던 시절이라 실내 양육에는 익숙하지 않아 어려워했다. 게다가 둘 다 직장에 다니고 있어 보리를 집에 혼자 두고 출근할 수밖에 없었다.

　보리는 언제부턴가 나무로 된 피아노 다리를 물어뜯기 시작했고, 벽지나 나무 기둥을 물어 뜯기도 해서 출근할 때는 철망으로 한정된 공간 안에서만 지내도록 했다. 지금 생각해 보면 보리가 이빨이 날 때라 가려워서 나무를 물어뜯었을 수도 있고, 또 강아지 공장(번식장)에서 태어나 펫숍에 있다가 왔기 때문에 분리불안 같은 것이 있을 수도 있었는데 그때는 그런 것을 전혀 몰랐다. 보리와 아롱이를 키우고 난 지금은 이빨이 날 때 강아지들이 가지고 놀 수 있는 터그 놀이 장난감이나 상황에 따른 양육 방식이 있다는 것을 알지만, 그때는 처음이라 모든 것이 서툴렀다. 보리를 키운 경험이 있어서 아롱이에게는 장난감도 사주고 시간 날 때마다 같이 놀기도 하지만, 보리를 키울 때는 지금보다 더 바쁘기도 했고 반려견에 대한 지식이나 상식이 너무 부족해서 좋아하고 예뻐하기는 했지만 제대로 된 양육을 하지 못했다.

그러던 중 갑자기 외할아버지께서 돌아가신 후에 외할머니께서 적적해하시고, 하루 종일 집에 홀로 있는 보리도 안쓰러워 우리는 보리를 잠시 외할머니와 외삼촌이 계신 외갓집에 보내기로 했다. 그 이후 우리는 친가나 외가에 어린 자녀를 맡긴 것처럼 자주 보리를 만나러 갔다. 보리는 외할머니와 외삼촌을 잘 따랐고, 그분들도 보리를 정말 사랑해 주셨다. 그래서 다시 우리 집으로 데려오는 것이 쉽지 않았다. 또 보리를 위해서도 우리 집에 와서 하루 종일 혼자 있는 것보다는 외할머니와 온종일 같이 있는 것이 좋을 것 같았다. 이렇게 해서 보리는 엄마와 아빠를 떠나서 외할머니와 외삼촌이 살고 있는 외갓집에서 살게 되었다.

지금도 외갓집에 가면 외할머니와 삼촌은 "보리야, 엄마 아빠 왔다."라고 하신다. 보리는 여전히 현관에서 쉬야를 할 정도로 격하게 반긴다. 보리가 외할머니와 외삼촌으로부터 사랑과 관심을 듬뿍 받으면서 건강하게 잘 지내는 것을 보면, 보리에게 정말 잘된 일이라는 생각이 들면서도 늘 마음 한편에는 미안한 마음이 있다.

반려견에 대한 지식과 상식이 부족해서 제대로 보살펴 주지 못했고, 인터넷에서 어느 훈련사가 어린 강아지들이 말을 듣지 않을 때는 신문지로 만든 '맴매'로 꾸중을 하는 것이 좋다고 해서 방바닥을 치면서 협박하듯이 야단친 것이 미안하다. 출근할 때 피아노나 벽지를 물어뜯지 못하게 하려고 철망을 쳐서 한정된 공간에만 있게 한 것도, 적절한 장난감이나 놀이로 놀아주지 못한 것도 마음에 걸린다. 그리고 우리가 키우다가 외갓집으로 보낸 것이 결과적으로 보리에게는 잘된 일이지만, 우리 인간의 형편과 입장만으로 생각하고 판단한 것 같아서 미안하다. 특히 보리는 언니한테서  우리 집으로 그리고 다시 외갓집으로, 양육자와 양육 공간이 세 번이나 바뀌어서 혼란스러웠을 수도 있다. 그래서 더 미안하다.

    착하고 예쁜 보리는 이런 엄마, 아빠의 마음을 이해하고 위로하듯이 우리가 갈 때마다 너무 좋아하고 반갑게 맞이한다. 요즘 보리를 못 본 지가 제법 오래된 것 같다. 다음에 보리를 보러 갈 때에는 입이 짧은 우리 보리가 잘 먹을 것 같은 닭가슴살 삼계탕을 해서 가야겠다.

아롱이의 잠투정

아롱이는 정말 잠이 많다. 시도 때도 없이 잔다. 밤에도 자고, 낮에도 자고, 장난치고 놀다가도 금세 잠에 빠진다. 먹을 때와 놀 때를 빼고는 거의 잠을 자는 것 같다. 우리 아롱이가 이렇게 출중한 미모를 자랑하는 것은 아마 잠을 많이 자기 때문일 것이다.

언제나 귀엽고 예쁜 아롱이지만, 자고 있을 때는 더더욱 사랑스럽다. 하얀 털 사이로 살짝 비치는 연분홍빛 피부, 배를 볼록거리며 자는 모습은 마치 천사 같다. 아롱이는 자다가 무슨 소리가 나면 번개처럼 후다닥 일어나서 뛰어나가 짖기도 하고, 내가 움직이면 자다가도 실눈을 뜨고서는 눈동자만 굴리며 지켜보다가 내가 문을 열고 나가면 따라 나와서는 경계를 선다. 사실 이러한 아롱이의 행동이 아빠에 대한 관심인지 간섭인지 늘 헷갈리기는 하지만, 나는 아롱이가 아빠를 지켜주기 위해서 경계를 서는 것이라고 여긴다. 어쩌면 아빠가 혼자 맛있는 것을 먹지 않나 감시하려는 것일지도 모르겠다.

아롱이는 잘 때 심하지는 않지만 코를 살짝 골기도 하고, 입을 쩝쩝거리기도 하며 때때로 꿈을 꾸는지 자면서 낮에 달릴 때처럼 네발을 허공에서 휘저으며 움직이기도 한다. 그 모습을 보고 있으면 절로 웃음이 난다.

그런데 아롱이에게는 좋지 않은 잠버릇이 있다. 우선 잠이 오기 시작하면 조금 예민해지거나 사나워진다. 엄마와 아빠가 움직이거나 가까이 가기만 해도 으르렁거리며 까칠하게 군다. 자는 중에도 주변에서 누가 조금만 움직이면 또 으르렁거린다. 마치 잠투정하는 아기 같다. 잠잘 때 아롱이는 반드시 엄마 방에 먼저 들어간다. 오래 있지도 않고 10분 내로 으르렁하고 나오면서도 엄마가 자러 들어가려고 하거나 거실에서 TV만 꺼도 아롱이는 빛의 속도로 엄마 방으로 달려간다. 아무리 엄마가 먼저 달려가서 방문을 닫으려 해도 아롱이는 늘 한발 앞선다. 그러고는 10분 내로 으르렁하고 다시 밖으로 나와 거실로 가거나 아빠 방으로 온다. 이것은 아롱이의 잠자는 루틴이다.

아롱이가 엄마 방이나 거실에서 자다가 아빠 방으로 오는 것을 나는 잘 안다. 왜냐하면 아롱이가 내 방에 들어올 때 방문을 긁거나 밀치는 소리가 들리기도 하고, 사부작사부작하는 발걸음 소리도 들리기 때문이다. 아롱이가 방에 들어오면 자다가도 "아롱이 왔어, 우리 아롱이 사랑해. 잘 자." 하고 말한다. 그러면 아롱이는 고

개를 돌려 빼꼼히 쳐다보고는 방석에 엎드리거나 등을 구부려서 곤하게 잔다. 아롱이가 내 방에 들어오면 나도 비로소 하루가 끝난 느낌이 들어 편안한 마음으로 잠자리에 든다. 늘 옆에 붙어 있는 아롱이기에 잘 때도 옆에 있어야 마음이 편안하다. 자는 공간에 또 다른 예쁘고 귀여운 생명이 함께 숨 쉬고 있다는 것이 마음을 따뜻하게 해준다.

   혼자 자고 있는 아롱이를 보면 종종 마음이 짠하다. 이 넓은 세상 천지에 그리고 이 집에서도 '개'인 아롱이는 사람인 엄마, 아빠와 살고 있다. 그래서 자고 있는 아롱이를 볼 때마다 덥지는 않은지, 춥지는 않은지 염려가 된다. 더운 여름에는 에어컨이나 선풍기를 틀어주고는 감기가 들까 봐 홑이불이나 얇은 수건을 덮어주기도 한다. 추운 겨울에는 아롱이가 추울 것 같아 수시로 내 잠옷이나 부드러운 수건을 덮어준다. 아롱이는 이불이나 수건을 덮고 자다가도 밖에서 소리가 나거나 내가 방문을 열고 나가면 등에 이불이나 아빠 옷을 걸친 채 질질 끌면서 따라 나오는데, 그야말로 '웃픈' 모습이다.

아롱이는 낮 동안 혼자 있을 때면 거의 잠을 자는 것 같다. 퇴근하고 집에 돌아왔을 때, 가끔 아롱이가 잠이 덜 깬 모습으로 머리털이 산발이 되어 비실거리며 마중 나오는 모습을 보면 안다. 혼자 자고 있는 아롱이 모습을 생각하면 마음이 짠하지만, '그래도 낮에는 귀찮게 구는 아빠 없이 편히 쉬었겠지' 하고 애써 위안을 삼는다.

"아롱아! 엄마, 아빠가 없을 땐 혼자 있는 시간이 길 테니까… 자는 게 제일 좋아. 잠이 최고야. 알았지?"

간섭일까, 관심일까?

　아롱이는 겁도 많지만 호기심도 많다. 집 안에서나 집 밖에서나 주변에서 일어나는 모든 일에 호기심과 관심을 가지고 귀를 쫑긋거리면서 쳐다본다. 특히 아롱이는 내가 집에 있으면 잠자는 시간을 제외하고는 거의 온종일 나를 따라다닌다. 방에 있으면 내 방 침대 위에서 혹은 아롱이 방석에서 엎드려서 나를 바라보고 있다. 잠이 와서 잘 때도 있지만 고개는 늘 나를 향해 있고, 내가 조금이라도 움직이면 고개를 들어 바라본다. 거실에 나가면 거실로 따라 나오고, 소파에 앉으면 옆에 착 달라붙어 앉는다. 간혹 혼자 거실에 있다가도 내가 나가면 시선은 늘 나를 따라다닌다. 물을 먹으러 가도 잠시 쉬러 나가도 베란다를 가도 부엌을 가도 따라와서 지켜본다. 심지어 화장실을 가도 화장실까지 따라 들어오거나 아니면 밖에서 엎드려서 기다리고 있다. 스토커도 이런 스토커가 없다.

한번은 베란다를 다녀온 뒤 아롱이가 보이지 않아 온 집 안을 찾아 헤맨 적이 있다. 거실 소파와 아롱이 방석을 확인하고 내 방의 침대와 아롱이 방석, 엄마 방의 침대와 아롱이 방석 그리고 책방과 옷방을 모두 찾아보았지만 아롱이가 보이지 않았다. 아롱이가 천둥 번개가 치거나 무서울 때 가끔 숨어 있는 안방 화장실까지 찾아보았지만 아롱이는 보이지 않았다. 순간 가슴이 철렁했지만 곧 가만히 생각해 보니 조금 전 베란다에 다녀온 기억이 났다. 베란다 문을 열어보니 그 안에서 아롱이가 당황하고 놀란 눈으로 나를 바라보고 있었다. 반갑고 미안해서 "아롱아, 미안. 아빠가 일부러 그런 것 아니야. 아롱이도 알지." 하며 아롱이 얼굴에다 뽀뽀를 했다.

아롱이는 집에서 내가 다니는 곳은 어디든지 졸졸 따라다닌다. 그야말로 아빠 껌딱지이고, 아빠 쫄쫄이다. 그래서 마트에 물건을 사러 가거나 친한 지인이 찾아와 집 근처에서 간단하게 만날 때는 아롱이를 데리고 나가기도 한다. 아롱이는 내가 현관에서 "아롱아, 같이 갈래?" 하면 쏜살같이 달려온다. 평소에는 잘 안기지 않는 녀석이 아빠가 밖에 같이 가자고 할 때는 폴짝 뛰어서 안긴다. 나는 아롱이의 이런 행동이 아빠를 향한 관심이라고 믿는다.

아롱이는 내가 외출했다가 집에 오면 난리가 난다. 차가 아파트 정문을 통과한 후 '띠리링' 하고 아파트 출입음 소리가 나면, 그때부터 낑낑거리며 현관을 응시하고 있다가 현관문을 열면 쫓아 나와서는 두 발로 일어서서 중문을 두드린다. 중문을 열면 내가 들어서기도 전에 아롱이는 현관으로 뛰어나온다. 거실로 들어오면 다시

두 발로 일어서서 격하게 반기다가 두세 걸음 가서는 빙그르르 돌아서서 반기고, 또 빙그르르 돌아서서 반기기를 몇 번이나 되풀이한 후에 겨우 방까지 간다. 방에 가면 아롱이는 침대에서 기다렸다가 나와 뽀뽀 세리머니를 한다. 겉옷을 벗고 있으면 아롱이는 그 짧은 시간을 참지 못해서 덜덜 떨면서 기다린다. 그리고 아빠와 뽀뽀 세리머니를 하고서는 장난감을 가지러 거실로 향한다. 이것은 분명히 간섭이 아니고 반겨주는 관심이다.

그런데 아롱이는 내가 외출할 때도 쫓아 나와서는 짖는 경우가 많다. 집에 아무도 없을 때 출근하려고 하면 아롱이는 체념한 듯한 표정으로 소파나 방석에 힘없이 엎드리고 있지만, 다른 사람이 있을 때는 나가려고 하면 달려와서는 짖어댄다. 나는 이런 아롱이의 행동을 '아빠, 왜 나가? 가지 마'라는 것으로 해석한다. 이것도 아롱이의 아빠에 대한 관심으로 생각한다.

또 양치질을 하고 있으면 아롱이는 화장실 앞에서 매의 눈으로 나를 지켜본다. 그러다가 칫솔이 입속으로 너무 깊이 들어가서 '우웩' 하고 헛구역질을 하거나 얼굴이 붉어지면 아롱이는 크게 짖는다. 그러면 나는 "아롱아, 아빠 괜찮아." 하고 달랜다. 다시 '우웩' 하거나 캑캑거리면 아롱이는 발로 화장실 문을 치면서 짖기도 하고 화장실로 뛰어 들어오기도 하지만, 양치를 마치고 칫솔을 통에 꽂는 순간 전혀 아무 일도 없었다는 듯이 쿨하게 돌아서서 간다. 가끔 아롱이를 놀리려고 다시 칫솔을 잡는 시늉이나 소리를 내면 아롱이는 다시 부리나케 달려와서 확인하고는 돌아간다. 다른 사람이 양치를 하면 반응이 없다가도 내가 양치를 하면 짖는 것으로 보아 아빠의 위험한 행동에 대한 아롱이의 걱정스러운 관심이 확실하다.

그런데 가끔 아롱이의 행동이 관심인지 간섭인지 헷갈릴 때가 있다. 아롱이는 재채기나 기침을 해도 짖고, 쌀을 씻거나 설거지를 마치고 고무장갑을 벗을 때도 짖는다. 가습기 물통에 물을 담으러 갈 때도 짖고, 커피를 내리거나 믹서기를 돌려도 짖는다. 특히 재채기를 하면 아롱이가 크게 짖다 보니 재채기를 한 후에는 나도 모르게 "아롱아, 미안." 하고 습관적으로 말한다. 이런 경우에 우리 아롱이가 소리에 민감해서 짖는 것으로 생각하면서도 한편으로는 아롱이가 우리 집 전체를 자기 구역으로 여기고, 아롱이가 싫어하는 소리를 내는 행동을 하지 말라고 간섭하는 것은 아닐까 하는 생각이 들기도 한다.

아롱이의 행동이 관심이든지, 간섭이든지 간에 이런 아롱이의 행동이 싫지는 않다. 아마도 아롱이가 아빠의 이런 마음을 알고 짖는 것일지도 모르겠다. 그러다 보니 요즘은 재채기를 하거나 양치질을 할 때, 설거지를 하거나 쌀을 씻을 때 아롱이가 달려오지 않으면 오히려 어디가 아픈 건 아닌지 걱정되기도 하고 약간 아쉬울 때도 있다.

아롱이의 이런 행동이 관심이면 좋고, 간섭이어도 좋다. 왜냐하면 간섭도 일종의 관심이며, 관심이 있어야 간섭도 할 수 있기 때문이다. 특히 이 세상에서 제일 좋아하고 사랑하는 아롱이의 간섭이라면 얼마든지 받아줄 수 있다. 다만 우리 아롱이가 이제 나이도 조금씩 들어가는데, 너무 급하게 달려오다가 관절에 무리가 가지 않을지, 또 여기저기 신경 쓰며 돌아다닌다고 너무 피곤하지는 않을지, 잠이 너무 부족하지는 않을지가 걱정일 뿐이다.

요즘 아롱이는 짖다가 목이 좋지 않은지 종종 캑캑거리는 경우가 있어서 걱정이다. 여기저기 신경 쓰느라 밤낮으로 바쁜 우리 아롱이를 위해 내일은 아롱이가 제일 좋아하는 닭가슴살 삼계탕을 끓여 함께 나눠 먹어야겠다.

"아롱아, 삼계탕 먹고 힘내서 언제든지 아빠한테 간섭해 줘!"

아빠는 팔불출

"아롱이 예쁘다."
"우리 아롱이는 정말 예쁘다."

이 말은 내가 아롱이하고 같이 있으면서 가장 많이 하는 말이다. 집에 있을 때도, 놀아줄 때도, 목욕시킬 때도, 산책할 때도 아롱이에게 수시로 예쁘다고 말한다. 특히 산책을 할 때 아롱이에게 예쁘다는 말을 많이 한다.

"아롱이는 왜 이렇게 예쁘노?"
"아롱이 천사야?"
"아롱이는 개 천사지."

아롱이는 아빠 말을 알아들어서인지, 아니면 아빠가 함께 있는지를 확인하는 것인지는 모르겠지만 걷다가 중간중간 나를 쳐다본다. 그런 아롱이가 더 예뻐서 "아롱이는 왜 이렇게 예쁘노." 하고 말하면 아롱이는 두 발로 일어서서 '와다다다'를 하고는 다시 시크하게 가던 길을 간다. 그러면 나는 '산토끼 토끼야' 혹은 '송아지'라는 동요에 아롱이를 넣어서 개사한 노래를 즉흥적으로 흥얼거린다.

우리 집 아롱이는 예쁜 아롱이
학교 갔다 집에 오면 멍멍멍
반갑다고 소리치며 멍멍멍

아~롱이 아~롱이 우~리 아~롱이
엄마 개도 흰둥이 엄마 닮았네

이 외에도 동요나 가요에 아롱이를 넣어 개사해서 부르는 노래가 많다.

아롱이는 정말 예쁘다. 촉촉하게 젖은 큰 눈도 예쁘고, 새까맣고 앙증맞은 코도 예쁘다. 냄새를 맡을 때 하늘을 향해 콧구멍을 벌름거리는 모습을 쳐다보고 있으면 저절로 웃음이 나온다. 또 하얀 솜털같이 부드러운 아롱이 털을 만지면 마음이 몽글몽글해지고, 동글동글하면서도 새까만 젤리 같은 발바닥을 만지면 기분이 저절로 좋아진다. 토끼처럼 크고 하얀 귀도 예쁜데, 소리가 들릴 때마다 쫑

굿거리기도 하고 기분이 좋을 때는 한쪽이 뒤집히기도 한다. 아롱이가 생태공원 잔디밭에서 기분이 좋아 바람처럼 달릴 때는 귀가 하늘을 향해 뒤로 젖혀지는데, 이때의 아롱이 모습은 보름달 속에서 떡방아를 찧던 토끼가 막 튀어나와 신나게 공중을 달리는 것처럼 보인다. 아롱이가 가장 밝고 행복해 보이는 순간이기도 하다.

 아롱이는 평소에도 예쁘지만 미용을 하고 나면 미모가 더 빛을 발한다. 짧은 털 아래로 살짝 보이는 연분홍색 피부는 애처로워 보여 손이 저절로 간다. 미용을 하고 난 후 발은 밑 부분 털을 짧게 깎아서 오리발 같기도 하고 장화를 신은 것 같기도 하다. 다만 털을 깎고 와서 불편해서인지 연신 발가락을 핥고 있어서 보기가 안쓰럽다. 걷는 모습이나 엎드려 있는 모습도 여전히 예쁘고 사랑스럽다. 총총총 걷는 모습이나 깡충깡충 뛰는 모습, 때론 덩치 큰 개처럼 당당하고 의젓하게 걷는 모습은 정말 멋있다.

 우리 아롱이의 뒷모습은 예술이다. 털이 북실북실하면서도 통통한 엉덩이를 샐룩거리며 걷는 아롱이의 모습을 보면 반하지 않을 사람이 없을 것이다.

 아롱이는 소파에 누워 있거나 앉아 있는 경우가 많다. 아롱이가 배를 살짝 드러내고 소파에 앉아 있거나 누워 있으면 우아하기도 하고, 요염하기도 하다. 아롱이는 잠도 예쁘게 잔다. 자기 전에 하품을 하는 모습도 귀엽고, 새근거릴 때마다 볼록볼록하는 배도 귀엽다. 엎드려 자는 모습도, 네 발을 뻗고 옆으로 누워 자는 모습도 사랑스럽다.

아롱이는 평소에도 예쁘지만, 우리가 먹고 있을 때 간절한 표정으로 발을 모으고 공손하게 앉아 있는 모습이 제일 예쁘다. 아롱이는 촉촉하게 젖은 눈으로, 혹은 실눈을 하고서는 아련한 표정으로 우리를 쳐다본다. 일부러 눈을 딴 데로 돌리면 내 눈이 닿는 곳에 가서 앉아서 또 쳐다보고 있다. 이런 아롱이 모습에 나는 도저히 견디지 못하고 먹고 있는 것을 주고 만다. 그러다가 가끔 주지 말라는 것을 준다고 아내에게 핀잔을 듣기도 하지만 하여튼 이때의 아롱이 모습은 천사처럼 예쁘다. 그래서 가끔은 엄마도 아롱이의 눈빛에 결국 녹아서 간식을 준다.

아롱이는 잠이 오거나 싫은 행동을 시킬 때 하품을 하는데, 그 모습도 예쁘다. 그래서 아롱이가 하품할 때 입에 손을 넣기도 하고, 내 입을 갖다 대기도 하고 결국에는 사진으로도 찍는다. 내 핸드폰의 갤러리에는 아롱이가 하품하는 사진이 여러 컷이 있다. 가끔 제자들에게 아롱이 하품하는 사진을 보여주면 어떻게 그 순간을 포착해서 찍었는지 궁금해한다. 사실 궁금해할 것도 없는 것이 나는 시도 때도 없이 아롱이 사진을 찍기 때문에 아롱이의 모든 사진이 갤러리에 저장되어 있다.

아롱이는 똥이나 오줌도 예쁘게 눈다. 가끔은 배변을 하면서 웅크린 자세로 아빠를 쳐다보기도 하는데, 아롱이가 부끄러울 수도 있을 것 같아서 못 본척하고 다른 곳을 본다. 실내에서 배변을 하고 나면 패드 주변을 한두 바퀴 돈 후, 평소 다니지 않은 식탁 밑을 지나 내 방으로 갔다가 거실로 달려 나온다. 아마도 본능적으로 천적으로부터 자신을 보호하기 위해서 흔적을 감추려고 딴 곳을 들러서 오는 것 같은데 집안에서도 그렇게 행동하는 게 웃긴다. 어쩌면 교양 있고 우아한 우리 아롱이가 부끄러워서 그럴 수도 있다. 산책할 때는 배변 후에 꼭 뒷발차기를 한다. 나는 그것을 '뿜뿜'이라고 하는데, 아롱이는 아빠가 '뿜뿜' 하는 것을 좋아한다는 것을 알고는 배변 후에는 아빠를 힐끔힐끔 쳐다보면서 오랫동안 뿜뿜을 한다.

아롱이는 정말 예쁘다. 눈, 코, 입, 귀는 물론 몸 전체가 예쁘고 모든 행동이 귀엽고 사랑스럽다. 아롱이는 강아지계의 미스코리아 감이다. 옛날부터, 아내 자랑, 자식 자랑하면 팔불출이라고 했는데 나는 팔불출인지도 모른다. 아니, 팔불출이어도 좋다. 최근 우리 사회에서 외모지상주의에 대한 비판이 있는데 나를 외모지상주의자라고 해도, 팔불출이라고 해도 상관없다. 왜냐하면 아롱이는 진짜 예쁘고 그건 아롱이를 사랑하는 아빠의 마음이니까.

내가 아롱이 자랑을 하면 가끔 듣고 있던 사람들 중에 "손자, 손녀 자랑하면 5만 원을 내야 하고 강아지 자랑하면 3만 원을 내야 한다."라고 말한다. 순간 '내가 또 아롱이 이야기를 했나' 하는 생각이 들기도 하지만, 아롱이 자랑하고 3만 원을 내라면 충분히 낼 용의가 있다. 왜냐하면 우리 아롱이는 그만큼 귀엽고 예쁘고 사랑스럽기 때문이다.

사실 객관적으로 우리 아롱이가 예쁜지는 잘 모른다. 객관적인 기준 같은 건 중요하지 않다. 어쨌든 내 눈에는 아롱이가 천사다. 천사처럼 예쁘고 귀엽다. 눈도 예쁘고, 코도 예쁘고, 발바닥도 예쁘고, 쭉쭉이 하는 것도 예쁘고, 하품하는 것도 예쁘고, 자는 것도 예쁘다. 똥오줌 누는 것도 예쁘고, 모든 것이 예쁘다. 좋게 보니까 모든 것이 예쁘다. 이건 아롱이뿐만 아니라 사람도 그렇지 않을까?

아롱이는 예쁘다.

아롱이는 예쁘다.
눈도, 코도, 입도 예쁘다.

아롱이는 예쁘다.
다리도, 엉덩이도, 하얀 털도 예쁘다.

아롱이는 예쁘다.
하품하는 것도, 자는 것도, 오줌 누는 것도 예쁘다.

아롱이는 예쁘다.
예쁘게 보니까 모든 것이 예쁘다.
사람도 그렇다.

찐 거야,
큰 거야

현재 아롱이의 몸무게는 5.3kg이다. 작년까지는 5.1kg이었는데 최근에 5.3kg이 되었다. 그런데 아롱이의 몸무게가 5.3kg 되고 나서부터 엄마의 간섭이 시작되었다. 사료도 바꿔보고, 간식도 줄여 봤지만, 몸무게는 전혀 줄어들 기미가 보이지 않는다. 어쩌면 이건 바뀐 사료 탓일 수도 있고 산책량이 좀 줄어든 탓일 수도 있다.

사실 나는 아롱이 몸무게 말이 나오면 할 말이 없다. 왜냐하면 내가 아롱이 집사이고 식사도, 간식도 주로 내가 주기 때문에 아롱이가 몸무게가 늘었다고 하면 내 탓이라고 느껴지기 때문이다. 그래서 나는 아롱이 몸무게가 늘었다거나 살이 쪘다고 하면 죄인이 된다. 특히 아롱이 몸무게가 늘거나 살이 찐 건 엄마 몰래 준 간식 탓이 아닐까 싶어서 몸무게를 언급할 때마다 찔린다.

그러다 보니 아롱이 몸무게에 대해 가장 민감한 사람은 나다. 그래서 아롱이 몸무게를 자주 잰다. 그것도 가능하면 밥 먹기 전이나 산책하고 난 직후 주로 몸무게를 잰다. 그래야 몸무게가 조금이라도 덜 나가기 때문이다. 몸무게를 잰 후 5.2kg 이하면 기분이 좋아서 "아롱이 몸무게가 5.1kg 밖에 안 나가네." 하고 큰 소리로 말한다. 그러면 아롱이도 밝은 내 목소리를 듣고 예쁜 눈을 빛내며 좋아하는 것 같다. 아마도 아빠가 기분이 좋으니까 아롱이도 덩달아서 기분이 좋아진 것일 게다. 그러나 5.3kg 넘어가면 몸무게를 잰 후에 아무 말도 하지 않는다. 그러면 조금 있다가 아내가 "왜 아롱이 몸무게 재고 말이 없어요?"라고 하거나 "아롱이 몸무게가 몇 kg에요?" 하고 묻는다. 그제야 "아롱이 몸무게가 5.4kg이나 나가네. 체중계가 잘못됐나? 아니면 털 때문인가? 내 몸무게도 많이 늘었네." 하고 변명 아닌 변명을 한다.

아내는 아롱이 몸무게가 늘면 항상 내 탓이라고 생각한다. 가끔 내 탓만은 아니라고 말해도 아내는 늘 내 탓이라고 여긴다. 그런데 나도 할 말이 있다. 왜냐하면 아내도 아롱이에게 먹을 것을 잘 주기 때문이다.

그런데 아롱이 몸무게가 늘어난 것은 사실 아롱이 탓이 제일 크다. 우선 아롱이는 워낙 먹는 것을 좋아한다. 가리지 않고 사료, 간식, 채소를 주는 대로 다 먹는다. 그리고 우리가 먹고 있을 때 먹는 우리를 바라보는 아롱이의 눈빛을 보면 도저히 주지 않을 수가 없다. 내가 일부러 눈을 다른 데로 돌리면 내 눈길이 닿는 곳에 벌써 가서 앉아서 쳐다보고 있다. 아마도 아롱이의 그 눈빛을 보고도 간식을 주지 않을 수 있는 사람은 이 세상에 없을 것이다.

이런저런 핑계를 대긴 하지만, 아롱이 몸무게가 늘어난 데는 내 책임이 제일 큰 것이 맞다. 솔직히 말하자면 나는 아롱이 몸무게가 빨리 줄었으면 좋겠다. 그래야 그 부담에서 벗어날 수 있고 또 아롱이가 좋아하는 간식을 마음껏 줄 수 있기 때문이다.

그런데 이런 내 마음과는 달리 아롱이는 다이어트를 할 생각이 조금도 없다. 때마다 주는 밥은 하나도 남김없이 다 먹고 우리가 식사할 때나 간식 먹을 때마다 졸졸 따라다니며, 다정한 눈빛을 보낸다. 아롱이에게 간식을 주는 것에 엄격한 아내도 아롱이의 애교와 눈빛에 녹아서 결국 간식을 주고 만다. 사실 나는 훨씬 더 많이 준다. 오늘 아침에도 아롱이가 사료를 먹다가 내가 아침밥을 먹는 것을 보더니 옆에 앉아서 정말 정말 간절하고 애절한 눈빛으로 쳐다보는 것을 보고는, 그것이 아롱이의 전략인 줄 알면서도 결국 계란 프라이를 사료에 비벼주었다. 그러자 아롱이는 곧장 비벼준 사료를 먹고는 다시 애원하는 눈빛으로 올려다보고 있다. 그러다가 인제는 아예 옆에 쪼그려 앉아 더 간절한 눈빛으로 올려다본다. 이런 아롱이의 유혹을 참기란 정말 힘들다. 이런 아롱이를 보면 2002년 월드컵 때 유행했던 "꿈은 이루어진다."라는 말이 맞다.

"그래! 아롱아, 간절히 원하면 이루어지는 거야."

아롱이를 보면서 종종 아내에게 아롱이가 살이 찐 것이 아니고 큰 것 같다고 말한다. 실제로 자세히 보면 아롱이는 키도, 몸집도 큰 것이 맞는 것 같다. 보통 개는 7~8개월이 지나면 성견이 된다고 하지만, 예외도 있을 수 있다. 아롱이가 여덟 살이 된 지금도 크고 있는 것일 수도 있다. 그것은 아롱이가 몸무게가 늘었지만, 지금도 여전히 치명적인 에스라인을 유지하고 있는 것에서도 알 수  있다. 산책을 마치고 아롱이를 씻긴 후에 아롱이의 체중을 재면서 아롱이에게 물었다.

"아롱아, 솔직히 말해봐. 너 살이 찐 거야? 아니면 큰 거야?"

천재견이 아니라서
더 좋아

자녀를 키우는 부모들은 자녀가 어릴 때 종종 '우리 아이가 천재가 아닐까?' 하는 기대 섞인 착각을 한다. 나도 우리 큰딸이 어릴 때 특별히 잘 기억하거나 생각지도 못했던 기발한 말을 할 때 그런 생각을 했다. 요즘 나는 아롱이를 보며 혹시 우리 아롱이는 천재견이 아닐까? 하는 생각을 한다.

브라이언 헤어와 버네사 우즈는 『개는 천재다』에서, 개의 천재성은 인간처럼 개별 인지 능력이 아니라, 종 전체가 특정 영역에서 얼마나 잘 적응하고 진화했는가를 주목해야 한다고 말한다. 즉 개별 개체는 어떤 인지 영역에서 뛰어날 수 있지만 다른 영역에서는 평균 이하거나 낮을 수 있으며, 그런 면에서 개들은 일반적인 인지적인 지능은 인간보다는 낮을지라도 청각(소리 듣기), 후각(냄새 맡기), 주인과의 관계, 다정함 등의 특정 영역에 있어서는 탁월하다는 것이다. 이 책에서는 개가 인간 곁에서, 집 안과 심지어 침대까지 자리를 차지한 동물이라는 점에서 '가장 성공한 종'이며, 어쩌면 인간이 개를 길들인 것이 아니라 개가 인간을 선택한 것이라는 흥미로운 주장을 하고 있다. 이에 대하여 장대익은 『개는 천재다』의 추천 글에서 "우리가 길들인 개는 인간의 거울이며, 이제 우리가 그들에게 길들어지고 있다."라고 말한다. 달리 말하면 인간은 개를 가축화시켜 길들여 왔다고 생각하지만 어쩌면 우리 생각과는 달리 인간은 개에게 길들어져 왔는지도 모를 일이다.

최근 『2025 한국반려동물보고서』에 따르면, 한국 사회에서 약 30%에 해당하는 591만 가구가 반려동물을 키우고 있고, 그중에서 반려견은 546만 마리로 가장 높은 비율을 차지한다. 심지어 유모차보다 '개모차'가 더 많이 팔렸다는 통계는 웃픈 현실이지만 그만큼 반려견과 반려인 수가 늘었다는 방증이기도 하다. 개는 그만큼 인간과 정서적 관계를 잘 형성하고, 우리가 그들에게 마음을 내줄 수밖에 없는 존재임을 보여준다.

아롱이는 전문적인 훈련을 시켜본 적은 없어서 실제로 다른 강아지보다 인지적으로 더 뛰어난지는 잘 모르겠다. 오히려 아내는 우리 아롱이가 TV 속의 '딩동' 소리와 대문의 초인종 소리를 잘 구분하지 못하거나, 잠투정하면서 엄마나 아빠에게 으르렁거릴 때 "우리 아롱이 바보 아냐?" 하고 농담처럼 말하곤 한다. 나도 아롱이를 천재 같다고 생각하다가도 가끔 엉뚱한 행동이나 반응을 하면 아롱이 머릿속에는 도대체 무엇이 들어 있는지 궁금해진다.

아롱이는 훈련받은 적은 없지만 먹는 것과 노는 것에 관련된 단어는 두세 번만 들어도 금방 기억하고 알아챈다. '산책', '간식', '나가자' 같은 말에는 즉각 반응한다. 또 눈치가 빨라서 엄마 몰래 간식을 주려고 하면, 어찌 알았는지 눈만 마주쳐도 귀신같이 알아챈다. 부르면 잘 안 오다가도 간식을 줄 것 같은 어조로 "아롱아." 하고 부르면 신기하게도 번개처럼 달려온다.

아롱이는 말도 잘 알아듣는 편이다. 특히 '엄마', '아빠', '언니' 같은 가족 호칭은 정확하게 구분한다. "아빠한테 와봐." 하면 나에게 오고, "엄마 어딨어?", "언니 어딨어?"라고 하면 엄마나 언니가 있는 쪽으로 달려가거나 두리번거리며 찾는다. 사람도 아닌 아롱이가 어떻게 이런 말을 알아듣는지 신기하다. 아마도 인간 아기들도 처음 언어를 배울 때 아롱이처럼 듣고, 반응하고, 반복하며 배워갈 것이다. 그뿐만 아니라 함께 있는 사람들의 기분도 표정이나 목소리 톤만 보고도 금방 알아챈다. 기분이 좋을 땐 옆에서 사랑스러운 눈빛으로 애교를 부리고, 안 좋을 땐 조심스럽게 눈치를 본다.

정말 신기한 것은 아롱이는 사람의 마음을 잘 읽는다는 것이다. 외출할 때 데리고 나갈 마음 없이 "아롱아, 같이 갈래?" 하면 나오지 않지만, 정말로 데리고 가려고 생각하고 "아롱아, 같이 갈래?" 하면 내가 신발을 신기도 전에 벌써 현관에 나가 기다린다. 이 외에도 길을 건널 땐 사람처럼 후다닥 뛰어 건너고, 우리 동네 떠돌이 개 '토미'처럼 늘 횡단보도나 그 근처에서 길을 건넌다. 또 아파트 내에 있는 입구와 출구가 다른 엘리베이터를 타면 나는 습관적으로 입구 쪽을 계속 쳐다보고 있는데, 아롱이는 이전에 엘리베이터를 이용한 경험 때문인지 내리는 출구 쪽을 향하고 있다. 이런 아롱이의 행동을 보면 아롱이는 언어뿐만 아니라 감각, 표정, 경험을 통해 세상을 이해하고 판단하는 것 같다. 그래서 나는 때때로 아롱이는 진짜 천재견 아닐까 하는 생각을 한다.

또한 아롱이는 사람의 마음을 홀리는 데는 탁월한 능력이 있다. 나는 지금까지 아롱이와 10분 이상 함께 있고도 그 매력에 빠지지 않은 사람을 본 적이 없다. 특히 아롱이는 아빠의 마음을 녹이는 데는 분명히 천재다. 우리 아롱이도 다른 강아지처럼 훈련을 시키면 숫자도 알아맞히고, 물건도 물어오고, 심부름도 할 수 있겠지만 아롱이가 유명해지면 너무 힘들 수도 있을 것 같아서 TV에 나오는 다른 강아지처럼 영재 훈련은 따로 시키지 않는다. 이건 아롱이도 알고 있는 사실이다.

그렇지만 가끔 아롱이가 모든 말을 다 알아듣지 못해 곤란한 때도 있다. 아롱이에게 "내일 산책 가자."고 하면 아롱이는 '내일'은 알아듣지 못하고 '산책'만 알아듣기에 지금 산책 가는 줄 알고 좋아서 격하게 반응을 하기도 한다. 또 "좀 이따 간식 줄게."라고 말하면 '좀 이따'는 알아듣지 못하고 '간식'만 알아듣고는 지금 주는 줄 알고 냉장고로 달려가, 그 모습을 보며 난감할 때도 있다. 그래도 이런 우리 아롱이가 딱 좋다. 왜냐하면 살아보니 너무 잘나거나 특별하게 사는 것보다 평범하게 사는 것이 제일 편하고 좋다고 생각되기 때문이다.

물론 가끔은 아롱이가 모든 말을 알아듣지 못하고, 또 말을 하지 못해서 살짝 아쉬울 때도 있다. 배가 고프다거나 목이 마르다는 말을 못 하니 곤란하고 웃픈 상황이 발생하기도 하지만, 이런 아롱이가 있어서 웃을 수 있고, 행복할 수 있다. 아빠가 하는 말을 다 알아듣지 못하고 적당하게 알아듣는 것도 정말 좋다. 우리 아롱이가 천재견이 아니라, 평범한 강아지여서 더 좋다.

효녀 아롱이

전래동화 속에는 효자, 효녀 이야기가 빠지지 않고 등장한다. 아마 고려시대 이후, 충효(忠孝) 중심의 윤리와 가치를 중시했던 유교 사상의 영향이 컸기 때문일 것이다. 충효를 중시하던 전통 사회에서는 효(孝)가 보편적인 윤리였고, 가치 규범이었다. 그러나 요즘은 효자, 효녀라는 말은 들어보기도 어려울뿐더러 효를 입에 올리는 것조차 부담스러운 사회가 되었다. 누군가 효에 관하여 이야기하면 시대에 뒤떨어진 사고라고 인식되기도 하고, 자칫 꼰대라는 말을 듣기 십상인 사회가 되어버렸다.

그런데 우리 사회를 보면 꼰대도 필요하고, 꼰대 소리를 하는 사람도 필요하다. 요즘 직장이나 사회에서 더 젊거나 직급이 낮은 사람에게 조언이나 충고를 자칫 잘못하면 괜히 '꼰대' 소리를 듣기 쉽다. 학교도 마찬가지다. 초·중·고등학교는 물론 대학에서도 교사 역량 평가, 강의평가 등이 실시되면서 학생들을 향해 쓴소리하는 선생이나 교수는 사라진 지 오래다. 나 역시 예전에는 강의시간에 딴짓을 하거나 옳지 않은 행동을 하는 학생을 보면 훈계도 하고 꾸중도 하곤 했지만, 요즘은 적당한 선에서 이야기하고 만다. 한두 번 충고했다가 참담한 강의평가를 받은 교훈이라고 해야 할지도 모르겠다.

꼰대와 효는 별개의 문제이긴 하지만 어쨌거나 요즘 효를 거론하기는 쉽지 않은 사회이고, 부모들도 자녀들에게 효를 기대하지 않는 세상이 되어버렸다. 나도 부모님께 충분한 효도를 하지 못했으니 효를 거론할 자격이 없을지도 모른다. 그래도 효가 그리운 세상에서 효도를 하는 사람들의 이야기를 들으면 가슴이 따뜻해지고 존경스러운 마음이 드는 것은 어쩔 수 없다. 지나고 나서 생각해 보니 효도는 물질적으로 잘해드리는 것도 중요하지만 무엇보다도 부모님의 마음을 즐겁고 기쁘게 해드리는 것이 가장 큰 효도인 것 같다.

아롱이를 돌보는 일이 살짝 힘들 때도 있지만 그보다 훨씬 많은 순간 아롱이 덕분에 웃고, 위로받고 행복을 느낀다. 그런 아롱이는 분명 효녀다. 아롱이가 아빠를 행복하게 하는 효녀인 이유는 수없이 많지만 여기서는 한두 가지만 이야기하려고 한다.

우선 산책 후, 아롱이 목욕을 시키고 나도 씻는다고 좀 늦게 나오면 아롱이는 몇 번이나 문을 빼꼼히 열어 나를 찾는다. 그래도 나오지 않으면 발로 문을 두드리거나 긁기도 하고, 그러다가 시간이 지나면 욕실 문 앞에 깔아놓은 발 닦는 매트 위에 엎드려서 기다린다. 다 씻고 나와서 아롱이가 엎드려 있던 매트 위에 발을 디디면 아롱이의 따뜻한 체온이 발바닥에 전해온다. 전래동화에 나오는 효자들은 매일 아침 부모님께 문안 인사를 드릴 때 따뜻한 신발을 신을 수 있도록 신발을 가슴에 품었다가 내어드리곤 했다는데, 내가 욕실에서 나올 때 매트를 따뜻하게 해주는 아롱이의 행동이 이와 비슷하다.

이렇게 아롱이가 욕실 문 앞에 깔아놓은 매트에 엎드려서 기다리는 것이 아빠를 기다려서인지, 아빠를 위험에서 지켜주기 위해서인지 아니면 아빠가 빨리 나와서 간식 주기를 기다리는 것인지는 잘 모르겠다. 하지만 아롱이가 그렇게 문 앞에 엎드려서 내가 나올 때까지 기다려 주는 것이 너무 고맙다. 아롱이에게 왜 기다렸는지 물어보지는 않았지만, 나는 틀림없이 아롱이가 아빠 발이 시릴까 봐 매트를 따뜻하게 데워놓았다고 믿는다. 이런 행동을 보면 아롱이는 한국의 전통적인 효녀가 맞다.

효도는 마음으로 하는 것도 중요하지만 물질적인 측면도 중요하다. 최근 설문조사 결과에서 어버이날 선물 1위가 현금(용돈)이었고, 꼴찌가 손편지였다. 손편지가 꼴찌인 것은 의외였다. 아마도 그것은 아무것도 하지 않고 편지만 쓴 경우이지 않을까 짐작하지만 어쨌거나 그 결과는 지금 우리 사회의 분위기가 그대로 반영된 듯하다. 그런 면에서 현금인출기(ATM) 부스 안에 있는 돈은 모두 아빠 것으로 알고 지키려는 아롱이는 마음과 물질을 모두 챙기는 진정한 효녀다.

아롱이와 함께 산책할 때 지나치는 관리사무소 앞에는 현금인출기 부스가 설치되어 있다. 그런데 언제부터인가 아롱이는 현금인출기 부스 근처에 가면 급하게 뛰면서 현금인출기 부스 안으로 나를 끌고 들어간다. 이제는 거기를 들리지 않으면 움직이지 않는다. 그래서 요즘은 현금인출기 부스 근처에 가면 나와 아롱이는 습관적으로 뛰기 시작한다. 도착했을 때 사람이 없으면 문을 열고 들어가서 순서대로 돈을 찾는 시늉을 하다가 마지막에는 항상 '취소'를 누른다. 그러면 어김없이 현금인출기에서 "죄송합니다. 처음부터 다시 거래하여 주십시오."라는 안내멘트가 나온다. 그 안내멘트를 듣고 나서 우리는 아무 일 없다는 듯 다시 밖으로 나온다.

문제는 그 안에 사람이 있을 때다. 만일 우리가 현금인출기 부스에 갔을 때 안에 사람이 있으면 아롱이는 짖기 시작한다. 다른 사람이 들어가면 좋아하지 않을뿐더러 도끼눈을 하고서는 그 사람이 나올 때까지 결코 시선을 거두지 않는다. 내가 "이제 됐으니까 가자."라고 말하며 줄을 당기면 마지못해 끌려오면서도 오다가 돌아보고 오다가 돌아보기를 몇 번이나 반복한다. 아롱이가 '왜 거기 있는 우리 아빠 돈을 가져가려고 하느냐'라고 짖는 것 같다. 그리고 우리가 현금인출기 부스를 나올 때 다른 사람이 거기에 들어가면 다시 으르렁거리면서 다른 사람이 들어가지 못하게 한다. '우리 아빠 돈이니까 절대 손대지 말라'고 위협하는 듯하다.

나는 아롱이가 왜 현금인출기 부스를 꼭 들리자고 하는지, 왜 다른 사람이 먼저 안에 있거나 들어가려고 하면 짖는지 잘 모른다. 우연히 같이 들렀다가 돈을 찾은 아빠가 기분이 좋아 보였든지 아니면 더운 여름에 현금인출기 부스 안에 들어갔을 때 시원한 느낌

이 좋아서인지, 그것도 아니면 정말로 현금인출기에 있는 돈은 아빠 거니까 지키기 위해서인지는 아롱이만 알고 있을 것이다. 그렇지만 나는 아롱이가 돈을 찾고 기분이 좋은 아빠 모습을 기억하고 '여기 있는 돈은 모두 우리 아빠 거니까 다른 사람은 절대 손대지 마!'라는 마음에서 하는 행동이라고 믿는다. 이처럼 아롱이는 아빠의 마음을 잘 알고 현금인출기 안의 모든 돈까지 아빠에게 주고 싶어 하는 기특한 딸이다. 요즘 시대에 맞게 정신적으로만이 아니라, 물질적으로도 아빠를 위해주는 진정한 현대판 효녀. 나는 아롱이 덕분에 세상의 열 자식이 부럽지 않다. 아롱이처럼 기특한 딸을 두었으니, 이 세상에서 제일 행복한 아빠다.

"아롱아, 앞으로도 아빠한테 효도해야 돼. 욕실 앞 매트도 따뜻하게 데워주고, 현금인출기 부스의 돈도 잘 지켜줘. 그렇지만 아롱이가 아빠한테 하는 가장 큰 효도는 아롱이가 건강하게 오래오래 사는 거야. 알았지? 우리 아롱이 꼭 효도해야 돼."

내일 아침 산책길에 아롱이와 같이 현금인출기 부스에 들러서 내 비자금이 잘 보관되어 있는지 꼭 확인해 봐야겠다.

개린이날 선물

내일은 5월 5일, '개린이(어린이)날'이다. 며칠 전부터 예쁜 아롱이에게 개린이날 선물로 무엇을 해줄까 고민을 했다. 그러던 중 문득 드는 생각이 사람이나 개나 의식주 해결이 가장 중요한데, 예전 개린이날에는 집을 사 주었으니까 이번에는 맛있는 것을 해주어야겠다고 생각했다.

그런데 막상 아롱이가 좋아하는 것을 해주려고 하니까 내가 해줄 수 있는 음식이 별로 없어서 그나마 할 수 있는 닭가슴살 삼계탕을 특식으로 해줘야겠다고 마음먹었다. 내 계획을 들은 아내는 며칠 전 닭가슴살과 오리 가슴살 말린 것을 많이 해놓았다며, "삶은 거나 말린 거나 그게 그거지. 아니, 자기가 먹고 싶은 거 아냐?"라고 말했다. 사실 그 말에 살짝 찔리기는 했지만, 단언컨대 이번 특식은 내가 먹고 싶어서 하는 것이 아니라 개린이날을 맞는 아롱이를 위한 선물임을 맹세할 수 있다. 어쨌거나 아내의 반대를 무릅쓰고 닭가슴살 삼계탕을 만들기로 했다.

이렇게 결정한 것은 내가 아롱이에게 해줄 수 있는 것이 고기를 구워주거나 계란을 삶아주거나 프라이를 해주는 것, 그리고 삼계탕을 해주는 것 외에는 해줄 수 있는 것이 별로 없고 아롱이가 닭가슴살 삼계탕을 너무 좋아하기 때문이다. 물론 아롱이는 구운 고기나 계란프라이 등도 좋아하긴 하지만 그런 것은 평소에도 해줄 수 있어서 특별하게 느껴지지 않았다. 그렇다고 장난감이나 간식을 사주는 것은 돈으로만 해결하는 것 같아 내키지 않았다.

물론 아내는 닭가슴살 말린 것이나 닭가슴살 삼계탕이나 그것이 그것이라고 말하지만, 나는 생각이 좀 다르다. 내 취향이 반영된 것이기는 하지만 아빠가 끓이는 삼계탕에는 닭가슴살 외에 상황버섯, 마늘, 대추, 인삼 등이 들어가므로 바짝 말린 것보다는 영양가도 있고 먹는 맛도 있기 때문이다. 지난번에 아롱이 생일에 닭가슴살 삼계탕을 해주었더니 아롱이가 밥그릇에서 고개를 한 번도 들지 않고 국물 한 방울도 남기지 않고 맛있게 먹는 것을 보았다. 그때 아롱이는 다 먹은 후에도 아쉬운 듯 몇 번이나 다시 밥그릇 있는 곳으로 돌아가서 그릇이 반짝반짝 빛날 정도로 핥고 또 핥으면서 그 예쁜 눈으로 "아빠, 너무 맛있어요, 더 없어요?"라는 듯이 나를 바라보았다.

점심을 먹고는 집 근처 마트에 가서 닭가슴살 두 팩과 수삼을 샀다. 마늘과 대추 그리고 상황버섯은 전에 사용하고 남은 것이 냉

동실에 있어서 그것을 넣으면 될 것 같았다. 저녁을 먹은 다음 삼계탕을 끓일 준비를 했다. 먼저 큰 냄비에 물을 붓고 인덕션에 올려놓은 다음 대추와 마늘 그리고 상황버섯과 수삼을 솔로 문질러서 깨끗이 씻은 후에 냄비에 먼저 넣었다. 그리고 닭가슴살을 팩에서 꺼내 씻은 다음 물이 빠지도록 두었다. 예전에 삼계탕을 몇 번 해본 경험에 비추어 보면 상황버섯, 마늘, 수삼, 대추 등을 닭가슴살과 함께 한꺼번에 넣고 삶으면 닭가슴살이 먼저 익어버려 질기고 너무 퍽퍽해져 맛이 없었다. 그래서 이번에는 다른 재료들이 적당하게 익고 나서 닭가슴살을 넣기로 했다.

냄비에 닭가슴살까지 넣어 삶기 시작한 후 시간이 좀 지나자, 온 집안에 삼계탕 냄새가 가득했다. 내가 부엌에서 삼계탕 재료를 씻을 때부터 먹을 걸 하고 있다는 것을 눈치챈 아롱이는 부엌 바닥에 앉아서는 꼼짝도 하지 않고 예쁜 눈으로 아빠만 뚫어지게 바라봤다. 완전히 익히고 푹 삶기 위해서 낮은 불을 해놓고 나는 거실에 나와 있었지만, 아롱이는 여전히 부엌에서 미동조차 없이 끓고 있는 삼계탕 냄비만 쳐다보고 있었다.

삼계탕이 거의 완성되어 갈 때쯤 국물을 한 숟갈 떠서 먹어보았더니 대추, 인삼, 마늘, 상황버섯의 맛이 어우러져 향도 좋고 맛도 있었다. 딱 내 취향이었다. 아빠표 닭가슴살 삼계탕이 완성되어 가고 있었다. 큰 닭가슴살 덩어리를 잘 익을 수 있도록 가위로 자르고 있었는데, 아롱이는 내 손 움직임만 뚫어져라 쳐다보고 있었다. 귀엽기도 하고 안쓰럽기도 해서 맛보기로 잘 익은 닭가슴살을 조금 건져내어 아롱이 밥그릇에 썰어 넣고 국물을 좀 부어서 식혔다. 아롱이는 드디어 주는 줄 알고 너무 좋아했고, 그런 아롱이를 보고 있기가 안쓰러워서 국물이 채 식기도 전에 밥그릇을 아롱이 식탁에 놓아주었다. 아롱이는 정말로 고개 한번 들지 않고 순식간에 다 먹어 치우고는 더 없느냐는 듯이 또 나를 쳐다보았다. 아롱이에게 "끝."이라고 큰 소리로 외친 다음 설거지를 끝내고 거실 소파에 가서 앉았다. 그러나 아롱이는 여전히 부엌에서 나올 생각을 하지 않고, 삼계탕이 담겨 있는 냄비를 쳐다보고 있었다.

한참이 지나, 아롱이는 거실로 나와 내가 있는 소파에 와서는 엉덩이를 옆에 딱 붙이고 앉았다. 아빠가 삼계탕을 해주어서인지 평소와는 달리 아롱이 등을 쓰다듬고 배를 만지고 다리를 만져도 가만히 있었다. 또 거실 바닥에 누워서 아빠를 쳐다보며 발라당도 하고 아빠한테 달려와서는 뽀뽀를 해주기도 했다. 기분이 아주 좋아 보였다. 나도 기분이 좋아 계속 아롱이 다리를 만지고 배를 만지니까 아롱이는 금세 본래의 모습으로 돌아가 살짝 으르렁거렸다. 그래서 "아롱이 인마, 삼계탕 해준 건 벌써 끝난 거야?"라고 말하고는 '지나치게 삼계탕 해준 유세(有勢)를 했나' 하는 생각이 들어 장난감을 가져와서 던지며 놀아주었다.

별것도 아닌데, 아롱이 삼계탕을 하고 나서 보니 시간이 10시가 넘었다. 조금 피곤하고 힘들기도 했지만 삼계탕을 맛있게 먹는 귀여운 아롱이 모습을 보니 기분이 너무 좋았다. 내일 '개린이날' 아침에는 국물이 있는 맛있는 삼계탕에 아롱이 사료를 말아 줘야겠다.

고개 한번 들지 않고 맛있게 먹을 아롱이 모습을 상상하니까 벌써부터 기분이 좋다. 평소 먹는 사료에 닭가슴살과 국물 조금만 넣어주어도 세상에서 가장 맛있게 먹는 아롱이가 너무 고맙다. 다른 사람처럼 비싸고 화려한 개린이날 축하는 해주지 못했지만, 정성과 진심으로 준비한 아빠의 마음을 알아주는 것 같아 행복했다.

작은 것에도 만족하는 소박한 아롱이, 복잡하지 않고 단순한 아롱이, 꾸밈없이 순수하고 솔직한 아롱이가 이 세상에서 제일 예쁘다. 아롱이가 좋아할 내일 아침을 위해서 오늘 밤에는 일찍 자야겠다.

"아롱아, 빨리 자자. 삼계탕 꿈꾸지 말고, 내 꿈 꿔."

2장

동행
사랑하며 배우며

반려동물은 우리의 삶을 빛나게 해주는 존재이지만, 그만큼의 노력과 정성을 요구하며 이러한 책임을 다할 때 진정한 반려인으로서의 자격이 주어지는 것이다.

아롱이는 타인의 시선이나 평가 같은 것에 신경 쓰지 않는다. "자신의 삶을 살라.", "자기답게 살라."는 삶의 태도와 철학적 태도를 견지했던 니체를 닮았다.

우리는 깐부

　우리 집에는 이 세상에서 아니, 전 우주에서 가장 귀엽고 예쁜 아롱이가 함께 산다. 아롱이는 우리 가족이다. 나한테는 딸이고 친구이며, 때로는 대화 상대이다. 특히 나는 아롱이하고 산책하는 것을 좋아하고 산책하면서 많은 대화를 한다. 사실 대화를 한다기보다는 내가 일방적으로 말한다고 해야 할 것 같다. 나는 아롱이가 말을 알아듣는지 못 알아듣는지는 전혀 신경 쓰지 않는다. 그건 중요하지 않기 때문이다. 그냥 걸으면서 예쁜 아롱이에게 하고 싶은 말을 한다. 그러면 아롱이는 알아들었다는 듯이 앞서 걸어가다가 멈추어 서서는 뒤를 돌아보고 눈을 마주치곤 한다. 아롱이와의 대화는 대부분 아주 단순하다.

　"아롱이는 왜 이렇게 예뻐?"

"아롱이는 천사야?"

"아롱이는 왜 이렇게 못났어?"

"아롱이는 아빠 딸 맞지?"

"아롱아, 안 추워?"

"아롱아, 어디로 갈까?"

"응, 이쪽으로 갈까?"

"그쪽으로 가도 괜찮아."

아롱이가 대답할 리 없지만, 수시로 아롱이에게 말을 건다. 아롱이와 말을 하면 기분도 좋고 시간도 잘 간다. 아롱이도 내가 기분이 언짢아서 말없이 걷거나 다른 사람들과 전화하며 걸을 때는 개무룩해서 털레털레 걷지만, 아롱이에게 말을 하면서 걸으면 표정이 훨씬 밝고 발걸음도 가볍다. 앞서가다가 아빠를 돌아보는 횟수도 훨씬 많고, 밝은 표정으로 웃고 있는 것처럼 보인다. 이럴 때 앞서가는 아롱이를 보면 꼬리가 더 많이 흔들리고 엉덩이는 더 많이 쌜룩거린다.

아롱이는 내가 말을 하면 알아들었다는 듯이 자주 뒤돌아보기도 하고, 달려와서 뛰어오르기도 한다. "아롱아." 하고 부르면 부리나케 달려와서는 뽀뽀를 하거나 예쁘고 맑은 눈으로 한참 동안 쳐다보며 눈짓을 한다.

'아빠, 어디로 가요?'

'아빠, 말 듣고 있어. 또 말해'

그러면 나는 아롱이의 배를 쓰다듬어 주거나 코에다 뽀뽀를 한다. 예전에는 이런 애정행각을 다른 사람이 이상하게 볼까 봐 신경을 쓰기도 했지만, 요즘은 별로 신경 쓰지 않는다. 반복해서 하다 보니 일상이 된 탓도 있고, '딸인데 뭐 어때'라는 생각도 있다. 이처럼 아롱이는 나의 친구이고, 대화 상대이며 가족이다. 아니, 그보다 친밀하고 가까운 존재이다. 그야말로 우리는 많은 것을 공유하는 '깐부'다.

그런 사이니까 아롱이와 나 사이에는 공유하는 비밀이 많다. 그래서 가끔 아롱이가 말을 못 해서 천만다행이라고 생각할 때가 있다. 늘 같이 있다 보니 아롱이에게는 다른 사람에게 보여주지 않는 행동을 보여준 것도 많고, 비밀을 말한 것도 많기 때문이다. 홀라당 벗고 샤워하는 것도, 잠버릇이 어떠한지도, 아빠 배가 얼마나 나왔는지도 아롱이는 모두 안다. 이 모든 것을 아롱이가 엄마나 다른 사람한테 말하면 큰일이다. 아마도 아빠의 민낯이 세상에 그대로 다 드러나 다니기가 민망할 것이다.

아롱이는 자기를 혼자 두고 내가 밖에 나가는 것을 좋아하지 않는다. 그런데 생각해 보니 나도 아롱이가 집에 없으면 이젠 심심하다 못해 허전하기조차 하다. 털을 깎기 위해 아롱이를 미용실에 맡겨두고 혼자 집에 돌아오면, 당연히 반겨주어야 할 아롱이가 없으니까 이상하다. 어디든 졸졸 따라다니는 아롱이가 옆에 없으면 집이 휑하니 빈 것 같다. 이제는 아롱이가 나를 따라다니는 건지 내가 아롱이를 따라다니는 것인지 헷갈린다. 어쨌거나 우리는 늘 같이 다니고 같이 먹고 같은 공간에서 잔다. 그러니까 우리는 언제나 같은 편인 깐부다.

'깐부'라는 말은 친한 단짝 친구나 짝꿍을 뜻하며, 넷플릭스에서 「오징어 게임」이란 드라마가 인기를 끌면서 유행어가 된 말이다. 드라마 속에서 구슬치기가 끝날 때쯤 오일남은 마지막 남은 구슬 하나를 성기훈에게 주면서 "우리는 깐부잖아."라고 말한다. 생명을 위협받는 급박한 상황 속에서도 동료와 연대를 포기하지 않는 모습은 연출이라고 하더라도 감동적이면서도 멋지다. 깐부는 사전에 나오지 않는 은어 혹은 속어로, 깡패에서 유래했다는 설도 있긴 하지만 그 유래는 다양하다. 어쨌거나 그 의미는 '깊은 신뢰와 의리를 바탕으로 생명을 나눌 수 있을 정도의 관계', '소중한 것을 공유하고 함께하는 동반자 관계'를 말한다. 생각해 보면 아롱이와 나의 관계에 딱 어울리는 말이다. 아롱이가 깐부라는 말의 의미를 안다면 아롱이와 깐부 먹자는 제안에 대해서 단 1초의 망설임도 없이 두 발로 일어서서 '와다다다'를 했을 것이다.

"아롱아, 우리 오늘부터 깐부 먹는 거다. 아니, 우리는 벌써부터 깐부였어. 그러니까 서로를 위해주고 지켜주는 거야. 물론 나도 아롱이가 길가에서 응가한 것이나 호텔 매트리스에 쉬야 한 것에 대해 비밀 지킬 거니까 아롱이도 아빠한테 들은 말이나 본 행동에 대

해서 꼭 비밀을 지켜줘야 해."

산책을 다녀와서 피곤했는지 벌써 아롱이는 아빠 침대에서 꿈나라 여행 중이다. 나중에 깨면 아롱이한테 우리는 절대 한 편인 깐부임을 꼭 말해야겠다.

아빠, 나만 바라봐

우리 아롱이는 질투가 많다. 일반적으로 질투는 '다른 사람이 나보다 더 좋은 상황에 있을 때 일어나는 미움 혹은 남이 잘되는 것을 시기하는 것'을 뜻한다. 반면, 욕심은 '자신에게 필요한 정도보다 더 많이 가지려는 마음'이다. 그런 점에서 보면, 아롱이의 행동이 질투인지 욕심인지 약간 헷갈릴 때가 있다. 하지만 아롱이의 행동은 대부분 다른 강아지나 개체(사물)와의 비교에서 비롯되기 때문에 질투라고 보는 것이 맞는 것 같다.

산책하다가 다른 강아지를 만나면 나는 "대박이 멋있다.", "연두 예쁘다." 하고 칭찬해 준다. 사실 모든 강아지는 다 귀엽고 예쁘기에 아이들을 만날 때마다 예쁘다고 말한다.

"이름이 뭐예요?" 하고 묻고 나서 '까미'라고 하면 "아유, 까미 너무 예쁘다." 하면서 손을 내밀어 냄새를 맡게 하거나 쓰다듬어 주곤 한다. 그러면 아롱이는 친구의 냄새도 맡고 친구를 따라다니다 가도 부리나케 달려와서는 방금까지 친하게 대했던 친구에게 으르렁거린다. 그리고 나에게 달려와서는 두 발로 일어서서 앞발로 내 다리를 '와다다다' 긁어댄다. 그러면 나는 다른 아이에게 예쁘다 하던 것을 멈추고 "우리 아롱이 예쁘다, 아롱이가 더 예쁘다. 우리 아롱이가 이 세상에서 제일 예쁘다."라고 말한다. 그러면 아롱이는 '아빠, 정말이지?' 하는 듯이 눈을 동그랗게 뜨고서는 안도하듯이 나를 쳐다본다. 그 모습을 보고 있으면 같이 있던 분들과 함께 웃을 수밖에 없다. 아롱이는 그 후에도 내가 다른 아이를 예뻐할까 봐 아빠 옆에 딱 붙어 서서 떨어지지 않고 곁을 지킨다.

집에서도 마찬가지다. 엄마나 언니 그리고 다른 사람이 아빠 옆에 가까이 앉으면 아롱이는 경계를 하고, 손을 잡거나 붙어 앉으면 다가와서 으르렁거린다. 엄마가 아롱이를 데리고 산책하러 나가도 다른 강아지에게 예쁘다고 하면 같은 반응을 보인다고 한다. 또 집에서 엽기 닭 꼬끼를 가지고 "꼬끼, 너무 예쁘다." 하고 안으면 아롱이는 다가와서 으르렁거리고는 꼬끼를 물고 간다. 이처럼 아롱이는 질투가 많다. 다른 강아지들도 질투가 있다고는 하지만 우리 아롱이가 다른 아이들보다 좀 심한 것 같은데, 아빠를 닮은 것인지 엄마를 닮은 것인지 잘 모르겠다.

아롱이는 욕심도 많다. 이 또한 욕심인지 질투인지 헷갈리긴 하지만 아롱이의 행동이 '비교에서 비롯된 행동'이 아니라는 점에서 욕심이라고 말하는 것이 맞을듯하다. 아롱이는 내가 장난감을 가지고 있는 것을 보면 달려와서는 달라는 듯이 발로 건드리고 긁는다. 또 아롱이 방석에 앉거나 누우면 부리나케 달려와서는 '내 거니까 나가'라고 하듯이 으르렁거린다. 다른 데로 가는 것을 보고 다시 방석에 눕는 시늉을 하면 또 달려와서는 눕지 못하게 한다. 개린 이날에 사다 준 집에 정작 한 번도 제대로 들어가지도 않으면서, 내가 장난삼아 들어가 누우려 하면 아롱이는 달려와서는 들어가지 못하게 막는다. 그 집을 사용하지도 않으면서 자기 집이라고 생각하는 것인지 아니면 단순히 아빠가 들어간다니까 본능적으로 들어가지 못하게 하는 것인지는 모르겠지만 다른 사람이 사용하는 것을 허용하지 않는다.

아롱이는 모든 것을 잘 먹지만 가끔 딴짓에 정신이 팔려서 먹지 않고 놔둔 것이 있을 때 "아빠 먹을까?" 하면 어디선가 달려와서는 그것을 물고 간다. 그래서 물을 잘 먹지 않을 때 "아롱아, 물 아빠가 먹을까? 아빠 먹는다." 하고 먹는 흉내만 내도 아롱이는 부리나케 달려와서 허겁지겁 물을 마신다. 이런 아롱이 모습을 보면 아기를 키울 때의 모습과 거의 똑같다.

그래도 우리 아롱이는 다른 사람에 비해 아빠한테는 좀 너그러운 편이다. 아침에 일어나 아롱이가 자고 있는 방석에 얼굴을 들이대거나 옆에 누워 아롱이 몸 위에 얼굴을 갖다 대면 아롱이는 살짝 으르렁하고서는 가만히 있거나 하품을 한다. 그렇게 오랫동안 있으면 고개를 돌리고 있거나 일어서서 나가버리기도 한다. 아롱이 집인 방석에 아빠가 눕는 것이 달갑지는 않지만 그래도 사랑하는 아빠라

서 봐주는 것 같다. 이런 아롱이가 귀엽기도 하고 고맙기도 하다.

아롱이가 하는 질투도, 소박한 욕심도 너무 귀엽고 사랑스럽다. 그래서 아롱이와 함께 있으면 늘 즐겁고 행복하다. 물론 아롱이와 함께 살아가는 데 품이 좀 들기는 하지만, 귀엽고 예쁜 아롱이의 행동을 보고 있으면 무엇이든 다 해주고 싶다. 아롱이가 질투를 하든지, 욕심을 부리든지, 아빠를 귀찮게 하든지 간에 꼭 25살이 넘도록 함께 살았으면 좋겠다. 우리 아롱이가 건강하고 행복하게 오래오래 살 수 있도록 내가 잘 챙기고 보살필 것이다. 오늘이 올겨울 들어 가장 춥다고 한다. 그렇지만 나와 아롱이의 건강을 위해서 아롱이에게 따뜻한 패딩을 입혀서 산책하러 나가야겠다.

"아롱아, 산책 가즈아!"

아파트 아파트

얼마 전까지 우리 사회의 가장 큰 관심사는 부동산이었다. 천정부지로 치솟는 아파트 가격 때문에 울고 웃는 사람들이 많았다. 나는 부동산을 잘 모른다. 아니, 잘 모른다기보다는 전혀 모른다는 표현이 맞을 것 같다. 지금까지 우리가 아파트를 선택하는 기준은 주로 직장 가까운 곳이나 출퇴근하기 좋은 곳, 그리고 딸이 학교 다니기 편한 곳이었다. 맞벌이를 하면서 지내온 우리를 다른 사람들은 중소기업이라고 말할지 몰라도 우리는 지금 살고 있는 집 한 채가 전부다. 사실 부동산에 별다른 관심도 없었고, 바쁘게 살다 보니 부동산 정보를 찾아보는 데 투자할 시간도 없었고 돈도 없었다.

몇 년 전, 아파트 가격이 급격하게 오르면서 많은 사람이 벼락거지가 되었다고 하던 때가 있었는데 집을 사는(거주) 용도로만 생각하던 나도 살짝 상실감이 들긴 했다. 그래도 집은 '사는(매매) 집'이 아니라 '사는(거주) 집'이라고 스스로 위로했다. 그리고 투자를 위해 집을 사고팔거나 많이 소유하는 것은 내 삶의 방식이 아니라고 스스로에게 말하곤 했다.

그런데 요즘 들어 문득, 퇴직 후 글도 쓰고 쉬면서 생각도 할 만한 나만의 공간이 있었으면 좋겠다는 생각에 집을 보러 다니면서 살짝 아쉽게 느껴졌다. 그러나 한편으로는 지금 가진 것이 약간 부족하긴 해도 살아가는 데 큰 어려움이 없는 것만으로도 다행이라는 생각이 들었다. 플라톤이 행복의 조건으로 '먹고 입고 살기에 약간 부족할 정도의 재산'을 첫 번째로 꼽았던 것도 이런 이유가 아닐까.

우리는 지금부터 10여 년 전, 지금 살고 있는 아파트로 이사를 왔다. 살 집이나 살 곳을 정하는 데는 여러 가지 기준이나 상황을 고려해서 결정하지만, 일단 우리는 다니는 교회와 직장과의 거리가 가까워야 한다는 것을 우선순위에 두고 결정했다. 이사 오기 전 우리 대학 근처의 아파트를 몇 군데 둘러보았지만 동과 동 사이가 너무 가까워 갑갑할 것 같다는 생각이 들었다. 그러던 중에 박사과정 제자의 소개로 지금 살고 있는 아파트를 둘러보았는데 동 간 거리도 제법 넉넉하고, 단지 곳곳에 조성된 화단과 아파트 내 도로 양옆으로 늘어선 많은 나무가 마음에 들어 바로 결정하게 되었다.

아파트에 살면서도 사실 아롱이를 데리고 산책하기 전까지는 바쁜 일상에 쫓겨 우리 아파트가 어떤 곳인지를 생각해 볼 겨를이 없었다. 그저 첫인상이 좋았고, 금액에 비해 평수가 넓고 직장이 가까워서 좋다고만 생각했다. 그런데 아롱이와 산책을 하면서 아파트

구석구석을 걷다 보니 우리 아파트가 살기에 정말 좋은 곳이라는 것을 알게 되었다. 특히 반려견과 같이 살기에 최적의 환경이라는 걸 새삼 느끼게 되었다.

지금 생각해 보니 예전에 아롱이를 키우기 전에는 아파트 내에서 산책한 적이 거의 없었던 것 같다. 그런데 아롱이를 키우고 나서는 산책을 거의 매일 하다 보니 이전에는 가볼 기회가 전혀 없었던 아파트의 후미진 공간이나 은밀한 곳들까지 둘러보게 되었다. 아롱이는 산책할 때 보통은 루틴대로 가던 길로 가지만, 종종 아롱이가 가고 싶은 새로운 곳으로 나를 끌고 가기도 한다. 바쁜 날은 내가 아롱이를 데리고 산책을 하지만 시간 여유가 있는 날은 아롱이가 이끄는 대로 따라간다. 아롱이는 겁도 많지만, 호기심도 많아 새로운 곳이나 낯선 곳으로도 곧잘 간다. 개는 냄새를 맡는 과정에서 친구들의 정보도 확인하고, 스트레스가 해소된다고 들은 바가 있어서 가급적 아롱이가 냄새를 많이 맡을 수 있도록 가고 싶어 하는 곳으로 따라다닌다. 그러다 보니 자연스레 아파트 곳곳을 돌아다니게 되었고, 그 덕분에 우리 아파트의 장단점을 알게 되었다.

무엇보다 우리 아파트에는 나무가 많다. 인근에도 아파트 단지가 많지만, 우리가 이곳을 선택한 중요한 이유 중의 하나는 아파트 단지 내에 나무가 많았기 때문이다. 처음 아파트를 보러 왔을 때가 5월 전후였던 것 같은데 눈부신 5월의 햇살 아래 아파트 내 길 옆으로 늘어선 초록빛 나무들이 너무나 싱그러웠다. 그래서 이 아파트에 살고 싶다고 생각했고 바로 이사를 결심했다. 지금도 우리 아파트의 사계절 풍경은 정말 아름답다. 계절마다 옷을 갈아입는 나무들도 예쁘고 동백, 매화, 산수유, 벚꽃, 철쭉과 영산홍이 어우러지는 화단도 너무 아름답다. 특히 벚꽃과 철쭉이 흐드러지게 피는 봄에는 가까이서 꽃구경을 할 수 있어 좋고, 가을에는 멀리까지 단풍놀이 갈 필요가 없을 만큼 단풍이 곱다.

이른 봄에는 겨울 끝자락부터 피기 시작한 동백꽃이 온 화단을 물들이고, 시간이 조금 지나면 매화가 피고 산수유, 벚꽃, 철쭉, 진달래 외에 수많은 이름 모를 꽃들이 피어난다. 특히 벚꽃이 핀 4월의 아파트 풍경은 그야말로 장관이다. 벚꽃이 핀 봄밤의 풍경도 환상적이고 봄바람에 하늘거리며 떨어지는 꽃잎은 바람에 함박눈이 휘날리며 내리는 풍경을 연출한다. 가끔 수북이 쌓인 벚꽃을 손으로 한 움큼 모아서 하늘로 던지면 아롱이는 꽃잎을 따라 폴짝폴짝 뛰는데, 그 모습이 너무 예뻐서 나도 아롱이와 함께 뛰어다니며 놀기도 한다. 여름이면 싱그러운 초록이 햇볕을 가려 긴 그늘 길을 만들어 주고, 가을에는 아파트 곳곳에 곱게 물든 단풍이 산책길을 행복하게 한다. 울긋불긋 물든 아파트 단풍길에서 걸음을 멈추고 바라보는 낙동강의 낙조와 그 너머 산자락에 걸친 신비한 저녁놀은 아파트의 가을과 어우러져 황홀감마저 준다.

고운 빛으로 물든 단풍이 낙엽이 되어 길 양옆에 쌓인다. 수북이 쌓인 낙엽을 봄날의 벚꽃처럼 위로 던지면 아롱이는 흩어지는 낙엽을 쫓아다니며 폴짝폴짝 뛰어다닌다. 나는 나무와 꽃이 많은 아파트가 좋다. 특히 우리 아파트는 아롱이를 데리고 산책하고, 놀기에 정말 좋은 아파트이다. 몇 번이나 이사를 하고 싶은 유혹을 이기고 지금까지 여기 살고 있는 이유 중 하나도 우리 아파트가 아롱이와 같이 살기에 좋은 아파트이기 때문이다.

예전에 박사과정 제자가 고양이를 키우면서 "고양이와 같이 살지 못하겠다는 사람하고는 결혼하지 않겠다."라고 말한 적이 있다. 당시에는 결혼이 장난도 아닌데, "키우고 있는 고양이를 데려가지 못한다면 결혼을 안 한다."라는 말이 도저히 이해되지 않았다. 그런데 아롱이를 키우면서 지금은 그때 그 제자의 말이 충분히 이해가 된다. 다행히 그 제자는 고양이 동호회에서 만난 사람과 결혼해서 행복하게 가정을 이루어 잘 살고 있다. 아마도 반려동물을 키우는 사람들은 내가 아롱이 때문에 이사하지 않고 지금의 아파트에 사는 이유를 충분히 공감할 것이다. 반면, 반려동물을 키우지 않는 사람에게는 이런 이야기가 전혀 공감되지 않을 수도 있다. '아니, 그까짓 개 한 마리가 뭐라고 이사를 안 가?'라고 생각할 수도 있다. 이건 단순히 생각의 차이다. 지금은 먹지 않지만 나도 예전에는 거리낌 없이 보신탕을 맛있게 먹었으니까.

어쨌거나 우리 아파트는 아롱이 같은 반려견과 산책하기에 정말 좋은 환경이다. 게다가 가까운 곳에 생태공원이나 에코공원이 있어서 주말에는 반려견들이 많이 모이기도 하니 반려견들에게 얼마나 좋은 환경인가. 나는 가급적 오래오래 우리 아파트에 살고 싶다. 혹시 사정이 생겨 이사를 한다면 가능한 한 아롱이와 같이 살기에 좋은 곳으로 이사할 것이다. 나무와 꽃도 적당히 있고, 아롱이와 자유롭게 산책할 수 있는 공간이 있는 곳이면 좋겠다. 언제까지 이곳에서 살지 알 수 없지만, 사는 동안은 아롱이와 함께 우리 아파트의 자연을 마음껏 누리고 즐겨야겠다. 그리고 아롱이와 함께 꽃과 나무를 둘러보고 연못의 금붕어도 살피며 아파트의 자연환경을 지켜야겠다. 나와 아롱이를 위해서, 그리고 이곳에서 함께 살아가는 우리 모두를 위해서.

그 아기 고양이가 은혜를 갚을까?

어린 시절부터 동물을 좋아하는 편이었지만, 고양이만은 별로 좋아하지 않았다. 아마도 그것은 어린 시절 읽었던, 『검은 고양이』라는 옛날이야기 때문이었던 것 같다. 그 이야기는 주인에게 죽임을 당한 고양이가 귀신이 되어 주인에게 원수를 갚으려고 하는데, 그 집에서 키우던 개가 그것을 알아채고 귀신이 된 검은 고양이와 사투를 벌여 주인을 죽음으로부터 구해준다는 그런 내용이다.

어린 시절, 고양이에 대한 무서운 이야기를 읽은 데다가 주위 어른들도 고양이는 '요물'이라고 하셨고, 나도 고양이 눈을 보니 요물 같이 느껴져 싫어했다. 그래서 아롱이와 산책을 하다가 고양이와 마주치면 "아롱아, 공격해! 공격해!"라고 하기도 했다. 그런데 이렇게 고양이를 싫어했던 내가 아이러니하게도 아롱이를 키우면서 고양이는 물론이고 모든 동물을 다 좋아하게 되었다. 아롱이로 인해

이 세상에 존재하는 모든 동물과 식물을 좋아하게 되었고, 생명이 있는 모든 것에 관심을 가지고 새롭게 인식하게 된 것이다.

　어느 날 아침, 아롱이와 함께 산책을 하고 있는데, 분리수거를 하러 나왔던 아주머니들이 모여서 나무 위를 쳐다보고 있었다. 우리가 그쪽으로 걸어가자 "저기 아저씨 온다. 남자 온다." 하시더니 "아저씨, 빨리 이리 와보이소."라고 했다. 그래서 무슨 일인가 하고 아롱이와 같이 그쪽으로 갔더니 모두 나무 위를 쳐다보고 있었다. 내가 영문도 모른 채 "뭐가 있어요?" 하고 물었더니 어떤 아주머니가 나무 위를 가리키면서 말했다.

"저 위에 고양이 새끼가 있는데 까치가 공격하고 있어요."
"고양이 새끼 눈을 공격하고 있어요."
"그러니까 아저씨가 나무 위에 올라가서 고양이를 좀 구해주이소."

　순간적으로 신기하기도 하고 놀랍기도 했지만, 무엇보다 당황스러웠다. 그래도 일단 상황을 파악해야 해서 나무 위를 올려다보니, 얼룩얼룩한 아기 고양이가 나뭇가지 끝에 매달려 '야옹야옹' 하며 애처롭게 울고 있었고, 건너편 나무 위에는 까치가 매의 눈초리로 고양이를 노려보고 있었다. 다시 나무 위를 쳐다보았더니 아기 고양이는 제법 높은 위치에 있었고, 더구나 나뭇가지의 맨 끝 쪽에 있어서 나무에 올라가도 그곳까지 접근하는 것은 쉽지 않아 보였다. 그래서 그분들에게 "에이, 나는 인제 남자도 아닌데요."라고 농담

반 진담 반으로 웃으면서 말하고는 올라가지 않으려고 했는데, 아주머니들 중 누군가가 또 "아저씨, 남자 맞잖아요. 잘할 수 있을 것 같은데요. 구해주이소."라고 말했다.

그렇게 자의 반 타의 반으로 나무 쪽으로 향했고, 어느새 나도 모르게 올라가기 위해 나무를 붙잡고 있었다. 사실 지금 생각해도 왜 그때 나무에 올라가려고 했는지 잘 모르겠다. 내가 원래 사람이 착하다 보니 측은지심이 발동한 것이었을까? 어쨌거나 그때 나무에 올라가려고 했다가 못 올라갔으면 쪽팔려서 어떡했을까, 지금도 그 장면을 떠올리면 웃음이 난다. 하여튼 아직 남아 있는 남자의 자존심 탓인지, 오기 때문인지, 측은지심 탓인지 아니면 여자분들이 지켜보고 있어서 잘난 체하고 싶어서 그랬는지는 몰라도 아롱이 목줄을 옆에 있는 분께 넘기고 나는 나무에 오르기 시작했다.

처음에는 오를 수 있을지 확신이 서지 않았지만, 어찌하다 보니 나무에 오르고 있었다. 나무를 타고 올라가면서 순간적으로 어릴 적 홍시를 따러 올라가던 기억과 매미 잡으러 올라가곤 했던 기억이 나서 자신감이 생기기 시작했다. 그런데 나무에 올라가서 보니 아기 고양이가 있는 나뭇가지가 너무 가늘어서 그곳으로 갈 수가 없었다. 그래서 큰 나뭇가지를 잡고 가는 나뭇가지 쪽으로 몸을 기울인 다음 손을 뻗어 아기 고양이가 있는 나뭇가지를 잡고 조심스럽게 흔들었다. 내 생각에 가지를 흔들면 가지 위에 앉아 있는 아기 고양이가 밑으로 떨어질 것 같았고, 또 그 밑에는 작은 나무들이 있어서 아기 고양이가 그 위로 떨어지면 다치지는 않을 것 같았기 때문이다. 그래서 나뭇가지를 잡고 몇 번 힘껏 흔들었더니 예상대로 아기 고양이는 밑으로 떨어졌고 작은 나무 위로 떨어진 다음 천천히 땅으로 미끄러졌다. 그러자 아기 고양이는 잽싸게 건너편 화단 쪽으로 뛰어가 사라졌다. 아주머니들께서 엄마 고양이가 그쪽에 있다고 했던 것 같다.

나는 엉거주춤한 자세로 겨우겨우 나무에서 미끄러지듯이 내려왔다. 그랬더니 아주머니들께서 모두 웃으시면서 정말 수고하셨다고 인사를 하셨다. "별로 어려운 일도 아닌데요."라고 말하고는 아롱이를 데리고 기분 좋게 하던 산책을 계속했다. 사실 나도 기분이 좋았다. 우선은 아기 고양이를 구해주어서 좋았고, 여러 사람이 보고 있는데 나무에 올라가서 그분들 말대로 남자답게(?) 역할을 완수해서 뿌듯했다.

그 후로 아롱이와 산책을 할 때마다 가능하면 그곳을 들른다. 혹시나 그 아기 고양이를 만날 수 있을까 하는 마음에서다. 하지만 아직 그 근처에서 아기 고양이는커녕 다른 고양이조차 한 번도 보지 못했다. 지금쯤은 그 아기 고양이도 훌쩍 자라 건강하게 잘 지내고 있을 것이다. 지금도 그곳을 지날 때면 가슴 한편이 뿌듯해진다. 아기 고양이를 구해주었다는 행복한 경험 때문이다. 그 화단 근처를 지나칠 때마다 아롱이에게 말을 건넨다.

"아롱아, 그 아기 고양이가 아빠에게 은혜를 갚을까?"
"아마도 언젠가는 은혜를 갚겠지. 아롱아."

그 말에 긍정이라도 하듯이 아롱이는 까만 코를 발름거리며, 크고 예쁜 눈으로 나를 쳐다본다.

'맞아 아빠, 아기 고양이가 멋진 우리 아빠에게 꼭 은혜를 갚을 거야'

「세상에 이런 일이」라는 TV 프로그램에서 고양이가 밥을 챙겨주는 사람에게 은혜를 갚기 위해 이웃집 신발을 물어다 놓거나 쥐를 잡아다 주는 모습을 본 적이 있다. 며칠 전, 방영된「동물은 훌륭하다」에서도 고양이가 은혜를 갚는 장면이 소개되었다. 내가 구해준 아기 고양이도 언젠가 나에게 은혜를 갚을까? 하지만 생각해 보면 이렇게 즐거운 기억을 가지고 행복한 마음으로 산책하게 해주었으니 이미 은혜를 갚았다. 아름답고 행복한 추억을 갖게 해준 그 아기 고양이가 건강하게 오래오래 살았으면 좋겠다.

왕관의 무게

반려견을 키우다 보면 즐겁고 행복한 순간들이 많다. 나는 예쁘고 사랑스러운 아롱이가 '선물'이라고 생각될 때가 많다. 아롱이는 아침에 눈을 뜨면 침대로 달려와서 찐한 뽀뽀 세례를 퍼붓는다. 그러다가 내가 출근하거나 외출할 때는 항상 애틋하고 아쉬운 눈빛으로 쳐다본다.

아롱이는 집 안에서도 내가 가는 곳은 어디든지 껌딱지처럼 졸졸 따라다니면서 시도 때도 없이 애정 표현을 한다. 거실에서 스트레칭을 하거나 운동을 할 때도, 책상에 앉아서 책을 보거나 작업을 할 때도, 베란다에서 분리수거를 하거나 화장실을 갈 때도 아롱이는 언제나 나를 졸졸 따라다닌다.

최근 헝가리 부다페스트 외트뵈시 로란대학 에니코 쿠비니(Eniko Kubinyi) 교수 연구팀이 국제학술지 「사이언티픽 리포츠」(Scientific

Reports)에 발표한 논문에 의하면 반려인과 반려견의 유대관계는 가족이나 친한 친구, 연인에 대한 만족도보다 높다고 하였다. 나는 이러한 연구 결과에 적극 공감한다. 특히 반려견과의 관계는 인간관계에 비해 갈등이 적고 안정적이어서 독특한 심리적 안정감과 유대감을 보여준다고 한다. 혹자들은 반려견과의 관계가 다른 인간과의 관계에 부정적인 영향을 초래할 수 있다고 염려할 수도 있다. 그러나 이 연구에서는 반려견과의 관계는 인간관계를 대체하지 않으면서도 오히려 인간관계에서 얻을 수 없는 특성과 감정을 느끼게 해준다고 한다. 그뿐만 아니라 인간의 사회적 관계망을 보완해 주는 독특한 역할까지 하는 관계라고 하였다. 다시 말하면 반려동물과의 유대관계는 인간관계를 저해하는 것이 아니라, 다른 사람과의 관계에서 결핍된 부분을 보완하고 대체해 준다는 것이다. 이런 점에서 반려견은 단순한 '애완동물'이 아닌 '삶의 동반자'이다. 지금까지 그 누구에게도 받아보지 못한 조건 없는 사랑과 관심으로 나를 대하는 아롱이가 나에게는 대화 상대이고, 친구이며 가족이다. 이 세상에서 나를 가장 잘 이해하고 가장 신뢰하며 무한한 관심을 가지고 사랑해 주는 무해력의 존재 그 자체라고 해야 할 것 같다.

아롱이에 대한 이런 생각과 감정은 내 삶 속 행동과 표현으로도 자연스럽게 드러난다. 제자들은 내가 아롱이 이야기를 할 때 표정이 달라진다고 한다. 얼굴에서 빛이 나고 웃음이 퍼지면서 코가 씰룩이는 모습이 너무 행복해 보인다고 한다. 가끔 제자들이 논문 지도나 다른 일로 만나자고 하면, "오늘은 시간이 없어 어렵다."고 말할 때가 있다. 그러면 제자들은 "아, 오늘도 또 아롱이한테 밀렸네요." 하고 웃으며 말한다. 내가 "아롱이 자랑은 팔불출이 아니지." 하며 아롱이 자랑을 늘어놓기라도 하면 "교수님께서 나이가 드시니까 여성호르몬이 많이 나와서 감성적이 되셨다." 하고 농담을 건넨다. 사실 그 말이 틀린 것도 아니다. 하지만 분명한 건, 귀엽고 예쁜 아롱이 덕분에 나는 매일 즐겁고 행복하다는 사실이다. 이렇듯 '아롱이는 우리 집에, 나한테 온 소중한 선물'이다.

이런 아롱이지만 때론 부담스러울 때도 있다. 반려동물을 키우면 좋은 점이 많지만 책임져야 할 일들도 많기 때문이다. 다시 말하면 반려동물을 키우는 반려인, 즉 양육자로서 책임과 부담이 있는 것이다.

우선 반려견을 키우면 양육자로서 주기적으로 해야 할 일들이 많다. 밥 챙겨주기, 간식 주기, 목욕시키기, 산책시키기, 배변 패드 갈아주기, 양치시키기, 병원 데리고 가기, 놀아주기 등등 반려동물을 키우는 일은 결코 만만치 않다.

밥을 주거나 간식을 챙겨주는 것은 크게 어렵지 않으나 목욕, 양치, 산책 등은 시간과 정성, 부지런함 같은 품이 많이 드는 일이다. 특히 개는 고양이와는 달리 반드시 산책을 시켜주어야 한다. 산책을 소홀히 하면 건강에 이상이 생길 수 있고 성격이나 행동에 문제를 유발할 수 있으므로 개의 양육에 있어서 가장 중요하다고 할 수 있다. 하지만 반려견에 대한 사랑과 책임감이 없으면 매일 산책시키기가 쉽지 않다.

반려동물 문화가 우리보다 앞선 여러 선진국에서는 반려견의 산책을 반려견의 권리이자 반려인의 책임으로 인식한다. 그래서 많은 나라들이 반려견 산책을 법적으로 의무화했거나 현재 입법을 추진 중이다. 실제로 독일은 반려견의 산책을 법적으로 의무화하여 매일 2회 이상, 총 1시간 이상을 산책시키도록 하고 있다. 만약 이를 지키지 않으면 벌금을 부과하거나 동물학대로 신고를 당하기도 하고, 반려견 양육을 금지당하기도 한다. 또한 반려견 양육 자격증을 취득한 사람만이 양육할 수 있도록 엄격하게 규정하고 있다. 영국, 이탈리아, 호주 등도 법적으로 반려견 산책 의무화를 추진하고 있다. 이러한 반려견의 '산책 법제화'와 같은 문화는 반려동물에 대한 존중이자, 산책이 반려견의 권리이자 필수적인 양육 방식임을 보여준다. 그러나 동시에 이러한 실천이 현실에서는 그리 간단하지 않다는 점도 함께 시사한다.

또한 반려견을 키우면 반려견을 혼자 두고 집을 오랫동안 비울 수 없는 불편함이 있다. 그러다 보니 가족 여행을 가기가 정말 쉽지 않다. 요즘은 펫텔이나 반려동물 동반 풀빌라나 숙소도 있고, 반려견 동반 음식점도 있어 동반 여행이 불가능한 것은 아니지만 아직 대중화 단계가 아니어서 어려움이 있다. 지난해, 여행을 갔을 때 반려견 동반이 가능한 식당이라고 되어 있어 들어갔는데 케이지나 켄넬 속에 있는 경우만 출입 가능하다고 해서 황당했던 기억이 있다. 또 반려견 동반 카페가 있어서 갔더니 반려견 동반 손님은 1층이나 야외만 가능하다고 해서 결국 1층에서 쫓기듯이 커피를 마시고 나왔던 기억도 있다.

　이 외에도 반려동물을 양육하면 사룟값, 예방 접종비, 옷이나 장난감 같은 용품 구매비 등 적지 않은 비용이 든다. 물론 아이 하나 키우는 것만큼은 아니지만 제법 부담이 되는 수준이다. 특히 반려동물이 병이 들거나 다치면 치료비가 만만치가 않다. 게다가 반려견이 나이가 들면 잘 보지도, 듣지도, 걷지도 못하고 식사조차 힘들어지는 경우가 많아 보살피는 일이 정말 만만치 않다는 이야기를 지인들에게 자주 듣는다. 이것은 반려동물을 키우면 즐겁고 행복한 순간들도 많지만 그만큼 반려동물 양육에 따르는 책임과 부담도 감수해야 함을 의미한다. 따라서 반려동물을 키우려면 사전에 이러한 책임과 부담에 대해서도 충분히 생각하고 양육을 결정해야 후회하지 않는다. 반려동물을 키우다가 유기하는 이유는 경제적 어려움, 주거환경 변화, 문제행동, 과잉 번식 등으로 다양하지만 책임감이 부족한 탓도 있다.

　세상 모든 일에는 권리와 함께 책임이 수반된다. 따라서 세상 모든 사람이 반려동물을 키울 권리가 있지만, 반려인들은 이에 따르는 책임도 마땅히 져야 한다. 사람들의 생명과 안전, 복지가 중요하듯이 반려동물의 생명과 안전, 복지도 반드시 고려해야 한다. 이러한 어려움과 현실을 반영해 최근 정부도 다양한 대책을 마련하고 있다. 최근 정부가 동물 보호 조치를 강화한 '3차 동물복지 종합계획'은 이런 문제를 해결하려는 방향을 제시한 것으로 반려인의 한 사람으로서 적극 환영한다. 특히 동물학대자가 일정 기간 동물을 기르지 못하도록 한 '동물 사육 금지제'(2027년 도입)는 만시지탄이기는 하지만 당연히 시행되어야 할 정책이다. 아울러 '동물 등록제'도 현실화, 구체화하여야 하고 '반려견 보유세'는 타당성이 있긴 하지만 반려견을 소유하는 사물로 볼 여지가 있다는 점에서 '반려견세' 혹은 '반려견 등록세(비)' 등으로 변경하는 것이 좋을듯하다. 특히 반려견 양육과 관련한 정책이나 제도는 현실성과 정책의 장단점 등을 고려해야 하므로 사전에 충분한 논의와 협의를 거쳐 제도화하고 정책화해서 실시해야 한다.

왕이 되려는 자는 반드시 왕관의 무게를 견디어야 하듯이 반려인들 역시 반려동물에 대한 책임을 당연히 져야 한다. 반려동물은 우리의 삶을 빛나게 해주는 존재이지만, 그만큼의 노력과 정성을 요구하며 이러한 책임을 다할 때 진정한 반려인으로서 자격이 주어지는 것이다.

장군이 할아버지는 건강하시겠지

아롱이를 데리고 산책하러 나가면 많은 반려견과 반려인을 만난다. 자주 만나다 보니 그중에는 이름이 기억되는 아이들도 있고, 같이 인사를 주고받는 반려인들도 있다. 반려견 중에는 대박이, 까미, 연두, 심바, 장군이, 루이 등이 기억난다. 특히 장군이와 장군이 할아버지는 다른 반려견이나 반려인보다 더 기억에 남는다.

장군이 할아버지는 크지 않은 체격에 안경과 모자를 쓰셨다. 연세가 드셔서 그런지 살짝 구부린 자세에 지팡이 대신 늘 검은색 우산을 짚고 가다가 멈추고를 반복하시면서 여유롭게 산책을 하셨다. 인자한 얼굴에 항상 웃음이 가득한, 그야말로 친근한 이웃집 할아버지 같은 분이다. 장군이 할아버지가 기억에 남는 이유는 장군이란 강아지의 이름도 특별했지만, 할아버지의 특이한 말투 때문이었다. 할아버지는 우리 아롱이를 보면 "성가(언니, 형님의 사투리) 왔다.

놀아달라 해라."고 하시거나, 장군이 보고 "놀아줘라, 사랑해 줘라." 하시기도 하고 "내일 술 한 잔 받아준다 해라."고 하신다. "내일 술 한 잔 받아준다 해라."라는 말은 어린 시절 동네 어르신들이 친한 분들끼리 주고받던 말이어서 더 친근하게 다가왔다.

장군이 할아버지는 늘 우리와 비슷한 시간에 장군이를 데리고 산책을 하신다. 추운 날이나 더운 날이나 궂은 날에도 늘 한결같은 모습이다. 어떤 날은 장군이를 데리고 노래를 흥얼흥얼하시면서 산책을 하시기도 했다. 또 어떤 날은 양지바른 곳에 장군이와 나란히 앉아 계시거나, 운동기구가 설치되어 있는 공터에서 운동기구를 타고 계시기도 했다. 특별히 기억에 남는 장면은 할아버지가 운동을 하고 있으면 장군이는 멀찍이 떨어져 앉아서 어른처럼 의젓하게 할아버지를 바라보곤 했던 모습이다. 또 언젠가는 그 자리에 앉아 졸음이 쏟아지는지 할아버지를 향한 채 고개를 꾸벅꾸벅 떨구며 졸고 있기도 했다, 내가 "장군아!" 하고 부르면 할아버지도 웃으시면서 고개를 돌려 쳐다보시고, 꾸벅꾸벅 졸던 장군이도 화들짝 놀라 눈을 뜨고는 나와 아롱이를 물끄러미 쳐다보던 모습이 아직도 생생하다.

그런데 어느 날부터인가 장군이와 할아버지의 모습이 보이지 않았다. 아롱이를 데리고 산책을 하면서 장군이와 할아버지를 자주 마주치던 곳을 지날 때마다 자연스레 생각이 나곤 하는데, 오늘은 문득 장군이와 할아버지가 요즘 왜 보이지 않는지 궁금했다. 이번 겨울은 유난히 추웠는데 혹시 날씨가 추워서 나오지 않으시는 건지 아니면 어디가 편찮으셔서 나오지 않으시는 건지 살짝 걱정되었다.

그러고 보니 씩씩하고 멋진 강아지 심바도 언젠가부터 보이지 않는다. 보리를 키울 때부터 봐오던 심바는 나이가 열네 살이라고 했던가? 예전에 심바 아저씨께서 혼자 등산을 다녀오시길래 "요즘 심바는 산책 안 해요?" 하고 물었더니 나이가 들어서 이제는 잘 걷지 못한다는 말씀을 들었던 것 같다. 무심하게 흐르는 세월 속에서 계절은 어느덧 바뀌고 또 그렇게 지나간다. 동물과 식물, 생명 있는 모든 것이, 그리고 우리 인간도 마찬가지다. 그래서 우리는 매 순간 의미를 부여하고, 삶을 즐기면서 최선을 다해 살아야 하는 것이다.

벌써 아파트 화단에도 봄기운이 감돌고, 인근 지역의 매화 축제 소식도 들려온다. 우리 아파트 화단의 나무 끝자락도 붉게 물들기 시작했고, 홍매화는 살짝 꽃봉오리를 터뜨리기 시작했다. 곧 봄이 오려나 보다. 따스한 봄날, 양지바른 곳에서 운동하시는 장군이 할아버지와 그 옆에서 할아버지를 바라보며 졸고 있는 귀여운 장군이 모습을 다시 보고 싶다. 이 봄에는 씩씩하고 멋진 심바가 아저씨와 같이 다시 산책하는 모습도 볼 수 있으면 좋겠다.

★

두세 달이 지난 4월 초순의 어느 따스한 봄날, 할아버지와 장군이를 자주 마주쳤던 놀이터 근처에서 여느 때처럼 장군이와 함께 산책하는 할아버지를 다시 만났다. "장군아, 안녕?" 하고 인사를 건네자,

할아버지께서는 장군이와 아롱이를 바라보고 웃으며 말씀하셨다.

"성가한테 사랑해 줘라."
"아롱이, 건강해요~오."

할아버지와 잠시 이야기를 나누고 각자 산책하던 방향으로 발걸음을 옮겼다. 건강하셔서서 다행이라고 생각하며 뒤를 돌아보니 놀이터를 지나 멀어져가는 장군이 할아버지 어깨 위로 따사로운 봄 햇살이 내려앉고 있었다.

뽀뽀
타임

아롱이와 같이 살면서 제일 부담스러운 것이 아롱이 목욕이다. 산책 후에 간단하게 씻기는 것은 어렵지 않지만, 몸 전체를 씻기는 목욕은 아롱이가 싫어하는 것 같아 부담이 된다. 무엇보다도 샴푸를 바르고 씻길 때 아롱이 귀에 물이 들어갈 것 같아 더 신경이 쓰인다.

아롱이는 매일 산책을 하고 나면 얼굴과 발 그리고 엉덩이를 씻는다. 아롱이를 씻기는 것은 좀 번거롭긴 하지만 내가 아롱이에게 마음껏 뽀뽀를 할 수 있는 시간이라서 좋다. 산책 후에 아롱이 목줄과 옷을 벗긴 다음 욕실로 안고 가서 씻기기 시작한다. 여름을 제외하고는 미지근하거나 따뜻한 물로 아롱이를 씻기는데, 먼저 물로 얼굴과 엉덩이를 씻기고 나면 아롱이는 씻겨달라고 오른쪽 앞발을 든다. 오른쪽 앞발, 왼쪽 앞발, 오른쪽 뒷발, 왼쪽 뒷발 순으로 아롱이가 스스로 발을 들어주는 순서대로 씻긴다. 먼저 아롱이 발에 샤워기로 물을 묻히고 샴푸를 칠한 다음 발바닥을 조몰락조몰락하며 씻긴다. 샴푸는 아롱이가 별로 좋아하지 않는 데다가 얼굴부터 하면 더 힘들 것 같아서 네발부터 순서대로 샴푸를 하고 맨 마지막에 얼굴에 샴푸를 칠한다. 물로 샴푸를 헹굴 때는 역순으로 얼굴을 먼저 씻기고, 발과 엉덩이를 씻긴다. 이때 흙이 묻은 얼굴이나 다리를 물로 씻겨주는 것이 목적이지만, 다리가 가늘고 길어 관절이 약한 아롱이를 위해서 씻길 때마다 네 다리에 마사지를 해준다.

아롱이를 씻기면서 너무 예뻐 시도 때도 없이 뽀뽀를 한다. 그러면 아롱이도 고맙다는 듯이 내 손이나 다리를 핥아주는데, 나는 그것을 씻겨주는 아빠에 대한 고마움의 표시라고 믿는다. 다 씻긴 후에는 내가 제일 좋아하는 뽀뽀 타임이다. 나는 아롱이를 타올로 닦아주면서 뽀뽀를 하고 다시 다리에 안마를 해주면서 뽀뽀를 한다. 그러면 아롱이는 싫어하지 않고 가만히 있다. 씻겨주거나 닦아줄 때 아롱이가 하는 행동은 어린아이들이 씻고 나서 빨리 엄마에게서 벗어나려는 행동과 똑같이 조금이라도 빨리 벗어나 달아나려고 한다.

그리고 몸 전체를 씻기는 목욕은 규칙적이지는 않지만, 보통 열흘이나 보름 정도에 한 번씩 한다. 몸 전체를 씻기기 위해서 샤워기로 몸에 물을 뿌리면 젖은 털이 몸에 착 달라붙는다. 평소에는 털이 그렇게 풍성하고 예쁜 아롱이가 털이 몸에 착 달라붙으면 삐쩍 마른 것 같고, 볼품이 없어 보이기도 한다. 그래도 내 눈에는 여전히 천사다. 온몸에 물을 칠하고 샴푸를 한 다음 다시 샤워기로 물을 뿌리면 아롱이는 물을 피해서 고개를 이리저리 돌리는데, 그 모습이 물이 싫어서 피하는 어린 아기들과 똑같다. 이런 모습도 너무 예쁘고 귀엽다. 그렇게 아웅다웅하는 사이에 아롱이 목욕이 끝나면 부드러운 목욕 타월로 얼굴을 먼저 닦고 몸을 닦아준 다음, 다시 네 다리를 닦으면서 마사지를 한다. 이렇게 씻기면서 몇 번씩이나 마사지를 해준 덕분인지 아롱이는 예전에는 가끔 걷거나 달리다가 '깨갱' 하고 소리를 지르고는 다리를 절뚝거리는 때도 있었는데 요즘은 거의 그런 모습이 보이지 않는다. 씻기고 닦아주고 털을 말려줄 때마다 아빠가 정성과 사랑을 담아 해주는 이 마사지의 효과를 다른 사람은 몰라도 아롱이는 분명히 알고 있을 것이다.

아롱이 목욕을 시키고 나서 내가 샤워를 할 때, 아빠가 빨리 나오지 않으면 아롱이는 몇 번이나 와서 확인하거나 문을 발로 밀어서 열고서는 해맑은 눈으로 아빠를 쳐다본다. "야 인마, 부끄럽다. 빨리 문 닫아."라고 해도 아롱이는 여전히 빼꼼 열린 문 사이로 아빠를 빤히 쳐다본다. 아마도 빨리 나와서 말려주고 간식을 달라는 것일 게다. 샤워를 좀 오랫동안 하고 나오면 아롱이는 기다리다가 지쳤는지 문 앞에 놓여 있는 매트 위에 엎드려 있다. 그러다가 내가 나오면 아롱이는 일어나는데, 아롱이가 엎드려 있던 매트를 밟으면 따뜻한 아롱이의 체온이 느껴져 좋다. 아롱이가 왜 문 앞에 엎드려 있는지 정확하게는 알 수 없다. 하지만 나는 효녀인 아롱이가 아빠가 씻는 동안 지켜주기 위해서, 혹은 씻겨준 아빠가 고마워서라고

굳게 믿고 있다. 그렇게 또 아롱이에게 감동을 한다. 이런 맛에 아롱이를 키우고 돌보는 것이다.

목욕 후에 물기를 꼼꼼히 닦아준 다음, 드라이기로 털을 말린다. 아롱이는 드라이기 바람을 썩 좋아하지 않는다. 그래도 "아롱아, 이리 와." 하면 쏜살같이 달려온다. 드라이기로 말리는 시간도 뽀뽀 타임이다. 아롱이를 말리면서도 다시 다리에 안마를 해주며 수시로 뽀뽀를 한다. 바람이 싫어서 빨리 도망가고 싶은 아롱이지만 아빠가 '끝'이라고 말할 때까지는 말릴 수 있도록 앞발, 뒷발을 차례로 들어주면서 잠자코 있다. 내가 큰소리로 "끝."이라고 하면 아롱이는 잽싸게 간식이 있는 냉장고로 달려간다. 아롱이가 하기 싫은 목욕을 참고 싫은 드라이기 바람을 참는 이유는 따로 있다. 바로 씻고 말린 후에 주는 간식 때문이다.

아롱이는 간단히 씻는 것이든 온몸을 씻는 목욕이든 대체로 좋아하는 편은 아니지만, 씻고 나면 기분이 무척 좋아 보인다. 드라이기로 털을 말리고 간식을 먹고 나면 그때부터는 거실이나 이 방 저 방을 후다닥 쫓아다니기도 하고 거실 바닥에 발라당 드러누워 애교를 부리기도 한다. 사람도 목욕하고 나면 기분이 좋듯이 아롱이도 목욕 후에는 기분이 무척 좋아 보인다. 이런 아롱이가 너무 귀여워 시간이 있는 날은 아롱이가 제일 좋아하는 잡기 놀이를 한다.

산책 후 매일 씻기거나 목욕시키는 일이 쉽지는 않지만, 아롱이를 마음껏 안고 뽀뽀할 수 있고, 마사지를 해줄 수 있어서 좋다. 무엇보다 목욕 후 기분이 좋아져서 눈을 반짝이며 이리저리 뛰어다니는 아롱이의 모습을 보는 것만으로도 행복하다. 세상천지에 오직 사람 엄마, 아빠만 믿고 의지하는 우리 아롱이가 좋아하고 즐거워하는 일이라면 목욕뿐만 아니라 그 무엇이라도 해주고 싶다.

아빠야, 졸병이야

 가끔 아롱이가 나를 어떻게 생각하는지 궁금하다. 아롱이가 나를 대하는 태도를 보면 더욱 그렇다. 어떤 때는 주인으로 대하는 것 같기도 하고, 어떤 때는 친구로 여기는 듯하다가 또 어떤 때는 졸병으로 대하는 듯하다. 한편으로는 정말 아빠로 여기는 것 같고, 모든 것을 해결해 주는 신으로 섬기는 것 같다가도 어떤 때는 아무 생각이 없는 것처럼 보이기도 한다.

 아롱이가 나를 어떻게 여기는가는 아롱이의 행동을 보면 알 수 있다. 먼저 아롱이가 주인으로 받들어 주는 것처럼 여겨질 때는 아롱이가 내가 하라는 것이나 요구에 따라 순종하며 행동할 때, 그리고 말하지 않아도 아롱이가 알아서 내 기대대로 할 때가 그렇다. 또 어떤 때는 같이 노는 친구로 여기는 것 같은데 그것은 아롱이가 나만 보면 장난감을 물고 와서 놀자는 것이나 수시로 장난을 거는 것에서 알 수 있다. 그러다가 졸병처럼 생각하는지 아빠가 하는 일에 일일이 간섭하고, 아롱이가 싫어하는 아빠의 행동을 하지 못하게 짖고 대들기도 한다. 그러나 짐작건대 아롱이는 나를 진짜 아빠로 여길 때가 많다. 아빠라는 호칭도 잘 알아듣고 아빠처럼 따르고 믿고 좋아한다. 그래서 나도 아롱이를 친딸로 여기고 있다. 지인들에게도 아롱이를 늘 '우리 집 막내딸'이라고 소개한다.

가끔은 아롱이가 무한한 존경의 눈으로 바라볼 때가 있다. 장난감이나 공이 소파 밑으로 들어가거나 사라지면 내 앞에 앉아서 공 한 번 쳐다보고, 아빠 한 번 쳐다보고를 반복하면서 하염없이 쳐다보고 앉아 있다. 아빠는 무엇이든지 다 할 수 있으니까 빨리 찾아주거나 해결해 달라는 눈빛이다. 모르는 체하고 기다리지만, 시간이 지나면 아롱이의 눈길이 부담스러워지고 결국 그 눈빛에 녹아서 소파 밑에 손을 넣거나 도구를 이용해서 장난감을 꺼내준다. 그 순간 아롱이는 나를 무한한 존경의 눈빛으로 바라본다. 그러면 나는 아롱이를 쓰다듬어 주면서 "아롱아, 이건 아무것도 아니야. 이건 껌이야." 하면서 살짝 잘난 체를 한다.

또 아롱이는 내가 무엇을 먹고 있을 때 애절하면서도 간절한 눈으로 쳐다본다. 아빠가 먹고 있는 것을 좀 얻어먹기 위해서다. 그러나 아롱이는 비굴하거나 아양을 떠는 태도를 하지는 않는다. 오히려 아빠의 마음을 얻기 위해서 아롱이가 할 수 있는 가장 다소곳하고 예의 바른 태도로 앉아서 크고 예쁜 눈으로 나를 올려다본다. 이렇게 아롱이가 무한한 존경과 부러움을 가득 담아 간절하게 바라볼 때 그 눈빛은 아롱이가 아빠를 신으로 바라보는 듯하다.

특히 아롱이가 좋아하는 것을 먹고 있을 때가 그렇다. 아롱이가 좋아하는 고기를 먹고 있으면 아롱이는 '아빠는 신이에요. 아롱이에게 은총을!' 하는 애절한 눈빛으로 바라본다. 그러면 간절한 아롱이의 기도에, 그 눈빛에 감동해서 아롱이에게 은총을 내린다. 그러나 고기를 다 먹고 나서 그릇을 정리하거나 "끝."이라고 말하기 무섭게 아롱이는 쌩하니 돌아서서 가고 싶은 곳으로 가버린다. 그야말로 본능대로 하고 싶은 대로 솔직하게 있는 그대로 행동한다. 나는 아롱이의 단순하면서도 쿨한 태도가 본능이라고 할지라도 부럽다. 이런 단순하고 순수하며 솔직한 아롱이의 견생을 배우고 싶다.

요즘 사람들은 속내를 잘 드러내지 않는다. 물론 MZ세대는 자기주장이나 표현을 분명히 한다고도 하지만 말이나 행동으로 인해 손해를 보거나 좋지 않은 결과를 초래할 것 같으면 여느 사람들처럼 표현하지 않는 경우가 많다. 이것은 누구의 잘못이라기보다는 불확실하고 불안정한 우리 사회의 현실 탓이다. 그것은 특히 경제가 불안정하고, 취업이 불확실하다 보니까 최소한 손해는 보지 않아야 한다는 자기방어나 자기보호 심리가 사람들의 마음속에 내재되어 있기 때문에 나타나는 현상이기도 하다. 그래서 아롱이가 부럽다. 엄마, 아빠, 그 누구도 그 무엇에도 신경 쓰지 않고 마음 가는 대로 '자기 자신'으로 사는 아롱이가 부럽다. 아롱이가 나를 졸병으로 생각하는지, 아빠로 생각하는지, 신으로 생각하는지 모르지만 오늘 또 자유주의자 아롱이에게 한 수 배웠다.

아롱이는 타인의 시선이나 평가 같은 것에 신경 쓰지 않는다. "자신의 삶을 살라.", "자기답게 살라."는 삶의 태도와 철학적 태도를 견지했던 니체를 닮았다. 아니, 어쩌면 우리 아롱이는 전생에 니체였을지도 모른다. 그게 아니라면 적어도 니체의 옆집에 살았던 강아지였을지도 모를 일이다.

아롱이는 대견배

 아롱이가 우리 집에 오고 난 후, 가족 여행을 거의 가지 못했다. 가족 여행을 자주 가지 못한 것은 내가 바빴던 탓도 있지만 아롱이를 혼자 두고 여행을 갈 수 없었고, 또 어디에 맡기고 가는 것도 쉽지 않았기 때문이다. 아롱이가 우리 집에 오고 난 후 2년쯤 지났을 무렵, 아롱이를 애견 호텔에 맡기고 1박 2일 여행을 다녀온 적이 있었는데 아롱이가 제대로 먹지 못한 탓인지 스트레스 때문인지 몰라도 몸무게가 거의 1kg이나 빠져 있었다. 무엇보다 아롱이를 데리러 갔을 때 바깥만 쳐다보고 있는 아롱이가 눈에 밟혀서 그 후로는 여행 갈 생각을 하지 못했다.
 아롱이와 우리 가족의 첫 여행은 포항의 어느 반려견 동반 풀빌라에 간 것이다. 시간이 지나서 다른 것은 잘 기억나지 않지만, 아롱이가 높은 침대 때문에 다칠까 싶어서 바닥에 매트리스를 깔아놓았는데, 그것이 배변 패드인 줄 알고 그만 거기에 '쉬야'를 한 것이 기억에 남는다.

그로부터 2년이 지난 어느 늦은 가을날 기업이 경영하는 연수원 숙소에 아롱이를 데려가도 된다고 배려해 주어, 1박을 하고 왔다. 연수원에서 묵기로 한 이유는 이전에 교육대학원생들과 워크숍을 했을 때 주변 풍광이 무척 아름다워서이다. 그리고 워크숍 때 그곳에서 본 강아지 세 마리, 달이와 어린 진돗개 가을이, 겨울이가 보고 싶은 마음도 있었기 때문이다. 지난번 워크숍을 할 때 연수원을 관리하시던 분이 급하게 불러서 나간 적이 있다. 겨울이 뒷발이 철로 된 수로망 사이에 끼여 움직이지 못하고 있는 것을 내가 가서 꺼내주었는데, 겨울이가 나를 기억하고 있는지도 궁금했다.

어둑어둑해진 저녁 무렵 연수원 숙소에 도착했다. 11월 초순인데도 날씨가 제법 쌀쌀했다. 따뜻하게 데워져 있는 방에 짐을 풀고 야외 바비큐장에서 고기를 구워서 맛있게 먹었다. 우리도 먹고 아롱이도 같이 먹다가 가을이와 겨울이, 그리고 달이가 생각이 나서 먹던 고기를 조금 챙겨 아이들에게 조금씩 주었다. 소고기를 처음 먹었는지 너무 맛있게 먹는 아이들을 보면서 기분이 좋기도 했지만, 허락받지 않고 아이들에게 주는 경우여서 충분히 주지 못해 미안하기도 했다. 그렇게 저녁을 먹고 방으로 들어갔는데 온돌방인 숙소는 따뜻하다 못해 뜨거울 정도였다.

그때까지는 정말 즐겁고 행복했다. 즐거운 마음으로 자려고 누웠는데, 잠시 후 건너편에 있는 동네 어느 집에서 '월월월' 하고 개 짖는 소리가 들렸다. 그러자 우리 아롱이가 반응하며 '왈왈왈' 하고 짖기 시작했다. 그러자 연수원의 달이도 짖고, 그 개가 또 짖고, 우리 아롱이가 다시 짖고, 달이가 짖고, 또 그 개가 짖고, 아롱이가 짖고, 달이도 짖고… 그리하여 그날 밤은 개들이 돌아가며 짖는 소리 때문에 결국 한숨도 자지 못하고 밤을 하얗게 새웠다.

비몽사몽간에 이른 아침을 먹고 아롱이를 데리고 연수원 뒷산을 올라갔다. 뒷산은 제법 높아서 주변의 경관이 한눈에 들어왔다. 맑고 시원한 공기, 밝은 아침 햇살, 파아란 하늘과 하얀 구름, 그리고 붉게 물든 주변의 단풍들이 너무 예뻤다. 산길에는 우리밖에 없었기 때문에 아롱이의 목줄을 풀어주었더니 아롱이는 온갖 풀냄새, 나무 냄새에 킁킁거리며 신이 나서 이리저리 요리조리 왔다 갔다 하면서 뛰어다녔다. 아롱이는 우리보다 먼저 올라가다가 잠시 내려다보곤 했는데, "괜찮아, 아롱아." 하면 다시 올라가기를 반복하며 산을 올랐다. 앞서가다가 뒤를 돌아보는 아롱이의 웃는 표정이 너무 행복해 보였다. 거의 정상 무렵까지 올라간 후에 산 아래를 내려다보니 울긋불긋 물든 가을 산과 주변의 풍광이 마치 한 폭의 그림 같았다.

잠시 땀을 식히고 내려오다가 문득 아롱이를 보니 모습이 정말 가관이었다. 아침 이슬이 내린 산길 풀숲을 여기저기 뛰어다니며, 온갖 풀과 나무 냄새를 맡느라 코를 들이대고 돌아다닌 탓에 아롱이의 다리와 얼굴은 흙범벅이 되어 있었다. 내가 보기에도 그때의 아롱이는 영락없는 떠돌이 개였다. 씻기고 싶었지만 쌀쌀한 늦가을인 데다 아침이어서 아롱이를 찬물로 씻길 수도 없어 물티슈로 간단하게 얼굴과 발을 닦은 다음 차에 태웠다. 아침을 간단하게 먹은 탓에 배가 출출했다. 식당을 검색하던 아내가 마침 근처에 유명한 만둣집이 있다고 했고, 반려견 동반이 가능하면 거기서 먹고 아니면 야외에서 먹기로 했다.

예상대로 그 만둣집에는 아롱이를 데리고 들어갈 수가 없었다. 그래서 내가 만두를 사는 동안 아롱이는 엄마와 같이 만둣집 밖에서 기다리고 있었다. 오전 시간인데도 대기 손님들이 있어서 만두를 사는 데 시간이 좀 걸렸다. 겨우 만두를 사서 왔더니 아내가 좀 어이가 없다는 듯이 웃으면서 말했다. 고등학생인지 대학생인 모르는 딸과 엄마가 강아지를 슬링백 안에 넣어서 안고 지나가다가 아롱이를 흘깃 쳐다보고는 딸이 "쟤 너무 더럽다."라고 했다는 것이다. 나도 그 말을 듣고 나서는 사실 어이가 없었다. '아니, 떠돌이 개를 보고 더럽다고 하는 것도 뭣한데 주인과 함께 있는 개를 보고 더럽다고 하다니, 자기들 개는 뭐 그렇게 깨끗한가? 훤한 대낮에 개를 포대기에 넣고 다니면서. 개는 개답게 키워야지. 산속에서 자유롭고 신나게 뛰어노는 것이 얼마나 행복한지 잘 몰라서 그렇지' 하는 생각이 들었다. 사실 아직 어려서 그렇게 말할 수도 있고 지금 아롱이를 보고 그렇게 말하는 것이 전혀 이해되지 않는 것은 아니지만, 그래도 이렇게 예쁘고 귀여운 우리 아롱이를 보고 더럽다고 했다니 서운하기도 하고 기분이 언짢기도 했다. 하지만 흙이 묻을까 싶어 걷지도 못하게 슬링백에 넣어서 다니는 아이보다 산속을 자유롭게 누비고 다니다가 흙이 묻은 우리 아롱이가 훨씬 더 행복할 것이라는 생각을 하며 기분을 달랬다.

"아롱아, 그 언니 말버릇이 좀 그렇지. 아빠가 생각하기에는 그 언니가 남을 잘 배려하지 못하는 성격인 거 같아. 우리 좀 참자. 아롱이는 오늘 행복한 것 맞지. 집에 가서 목욕 시켜줄게. 백옥같은 털에 빛나는 우리 아롱이의 미모를 그 언니한테 좀 보여줄 수 있으면 좋겠다. 너도 그렇게 생각하지."

운전을 하면서 아롱이를 봤더니 그런 사소한 것에 신경 쓰는 속 좁은 아빠와는 달리 아롱이는 아무런 생각 없이 엄마 다리 위에 편안하게 엎드려서 하품을 해가며 졸고 있었다.

"역시 우리 아롱이는 대견배구나."

집에 도착한 후에 옷도 갈아입는 둥 마는 둥 하고 욕실로 가서 따뜻한 물을 받아 아롱이 목욕을 시켰다. 목욕한 아롱이는 그야말로 백설 강아지였다.

"이렇게 예쁜 아롱이의 모습을 좀 전에 그 언니가 꼭 봤어야 했는데."

아롱이도 기분이 좋은지 초롱초롱한 눈을 더 크게 뜨고서는 거실을 후다닥 뛰어다니고 있었다.

연두 아주머니 고마워요

　아롱이와 산책을 하다 보면 산책 나온 강아지들을 많이 만난다. 아롱이가 다른 강아지에게 가까이 가려고 하면, 강아지나 보호자가 싫어하지 않으면 다가가도록 놔둔다. 이 경우 보호자에 따라서 반응이 다양하다. 자연스럽게 다가오게 하거나 적당한 거리에서 서로 보게 하는 경우도 있고, 먼저 자기 강아지가 사회성이 부족하다거나 다른 친구들과 아직 친하지 않다고 말하는 경우도 있다. 더러는 미리 피해서 멀리 돌아서 가는 경우도 있다. 아마도 보호자나 반려견의 성격이나 행동 특성에 따라 반응이 각기 다른 것 같다. 그래서 보호자나 강아지가 다가오는 것을 부담스러워하거나 싫어하는 눈치를 보이면 나도 아롱이가 다가가지 않도록 줄을 당긴다.

　어느 날, 어머니와 딸이 견종은 잘 모르겠지만 입마개를 한 덩치가 큰 아이를 데리고 산책을 하고 있었다. 이전에 몇 번 지나칠 때도 그랬는데 나와 아롱이를 보자마자 급하게 다른 길로 돌아가곤 했다. 그날도 급하게 다른 길로 돌아가려고 하길래 다가가서 혹시 아이가 공격적인 성향이 있는지 물어보았다. 모녀 중 누구의 대답인지는 정확히 기억나지 않지만, 전혀 그렇지 않다고 했다. 덩치가 크다 보니 다른 사람이나 강아지에게 위협이 될 수도 있다고 생각해서 피해 가려는 것 같았다. 내가 전문가는 아니지만 예전에 「개는 훌륭하다」 프로그램에서 본 기억도 있고, 학생들 교육과도 비슷하지 않을까 해서 "그렇게 매번 피하면 이 아이에게도 좋지 않을 수도 있으니까 자연스럽게 천천히 다가가게 하는 것이 좋을 것 같은데요." 하고 조심스럽게 말씀을 드렸다. 두 분이 긍정적으로 받아들이시는 것 같았다.

며칠 후, 산책을 하다가 다시 만났을 때 아롱이를 데리고 다가가니 연두와 보호자분이 가만히 기다리고 있었다. 그렇게 연두와의 만남은 시작되었다. 이름은 '연두'였고, 믹스견이며, 나이는 여섯 살, 몸무게는 25kg이라고 했다. 연두는 덩치는 컸지만 정말 순둥이였다. 얼굴도 잘생겼지만 크고 선한 눈이 무척 예뻤고 긴 다리가 너무 멋있어 보였다. 천천히 손을 내밀면 핥기도 하고 얼굴을 내 몸에 비비기도 했다. 우리 아롱이는 덩치가 작은데 이렇게 큰 아이가 애교를 부리니까 우습기도 하고 귀엽기도 했다. 그렇게 연두와 우리는 친해졌다. 내가 연두를 자연스럽게 대하니까 연두의 보호자분들께서도 편하게 대해주셨다. 다른 강아지에게는 그렇게 하지 않지만 덩치 큰 연두가 귀여워서 만날 때마다 얼굴이나 몸을 쓰다듬어 주곤 했다. 이제 연두도 만나면 반가워하는 것 같고, 멀리서도 우리를 보면 꼬리를 흔들면서 다가와 친근함을 표시한다. 그러는 사이에 연두 언니와 아주머니께서는 아롱이에게 간식을 주셨다.

그런데 우리 아롱이는 시샘이 좀 많다. 내가 다른 아이들에게 예쁘다고 하거나 다른 아이를 쓰다듬어 주려고 하면 아롱이는 그 아이에게 '으르렁'거리거나 나에게 다가와 두 발로 일어서서는 '와다다다'를 한다. '우리 아빠다. 우리 아빠 옆에 오지 마'라고 하듯이 시샘을 하며, 아빠에게 엄청 친한 척을 한다. 그런데 연두를 만나면 내가 연두를 좋아하고 칭찬해도 가만히 있다. 사실 연두에게는 관심이 없고 연두 언니와 아주머니의 손만 쳐다본다. 왜냐하면 언니나 아주머니께서 연두의 간식을 아롱이에게 주시기 때문이다. 아롱이는 연두와 함께 있을 때 내가 연두를 어떻게 대하는지는 전혀 관심이 없고, 오직 간식을 주는 언니와 아주머니에게만 온 정신이 팔려 있다. 그리고 간식을 다 얻어먹고 난 다음에야 아빠가 연두를 예뻐하고 있다는 사실을 알고는, 그때부터 아빠에게 다가와 두 발로 일어서서 '와다다다'를 하기 시작한다. 이런 아롱이의 행동을 보고 함께 웃다가 헤어진다. 헤어질 때도 아롱이는 간식에 미련이 남은 듯 연두 언니와 아주머니의 뒷모습을 한참이나 쳐다보고 있다.

엄마와 같이 산책하러 갔을 때도 연두 보호자분들께 간식을 얻어먹었는지, 아내가 집에 와서는 연두 간식도 좀 챙겨 가라고 했다. 하지만 먹는 것에 진심인 우리 아롱이는 간식을 챙겨 나가면 산책에는 관심이 없고 오로지 간식에만 정신이 팔려 있어서 챙겨 나가지 않는다. 늘 아롱이가 얻어먹기만 해서 이제는 산책을 하다가 마주쳐도 못 본 체하고 지나가려고 하지만 아롱이는 아빠의 마음도 모르고 연두가 있는 쪽으로 나를 끌고 가려고 한다. 어쨌거나 나와 아롱이에게는 연두도 고맙고 연두 언니와 아주머니도 정말 고마운 분들이다.

우리가 연두에게 해준 게 있다면 예전엔 다른 친구들을 피해 다니던 연두가 우리를 통해 여러 친구와 어울리게 되었을지도 모른다는 것이다. 며칠 전, 연두를 보았을 때는 발이 아픈지 양말 같은 것을 신고 있었다. 연두에게 양말이나 신발이라도 사주고 싶지만 사이즈도 모르고, 언제 또 만날지 몰라서 생각만 하고 있는 중이다. 연두의 발이 빨리 나아서 예전처럼 건강하게 맨발로 산책하는 모습을 다시 볼 수 있으면 좋겠다.

최고의 몰입
아롱멍!

요즘 '멍때리기' 문화가 유행하고 있다. 예전에는 학교 수업 시간이나 집에서 공부를 할 때 멍을 때리고 있으면 정신을 엉뚱한 데 팔고 있다거나 집중을 안 한다고 선생님이나 부모님께 꾸중을 듣곤 했는데, 이제는 멍때리기 대회까지 열리고 있으니, 세상일은 정말 모를 일이다.

멍때리기를 대회까지 해가면서 강조하는 것은 그 안에 나름의 장점이 있기 때문일 것이다. 일반적으로 멍때리기는 적절하게 활용하면 스트레스 해소에도 도움이 되고, 일상에서 벗어나 휴식의 기회도 되며 창의력과 문제해결력 향상에도 도움이 되는 것으로 알려져 있다. 또한 정서적 행복감을 증진해 주기도 하고, 정신적·신체적 건강에도 유익할 수 있다고 한다. 이처럼 멍때리기가 여러 가지 측면에서 효과가 있는 것으로 알려졌지만, 무엇보다도 멍때리기가 중요시되는 이면에는 현대인들의 삶이 너무 바쁘고 힘들기 때문일 것이다. 즉 현재의 삶이 너무 바쁘고 팍팍하고 여유가 없다 보니 잠깐이라도 아무 생각 없이 일상에서 벗어나 마음 편하게 쉬고 싶고, 그동안 쌓인 정신적, 육체적 피로와 스트레스에서 벗어나고 싶기 때문일 것이다.

최근 멍때리기와 관련하여 다양한 주장과 이론들이 소개되고 있다. 여러 사람이 멍때리기를 다양하게 언급하고 있지만 분명한 것은 멍때리기는 어떤 목적을 가지고 하는 행위가 아니고, 어떤 것을 산출하기 위한 것이 아니라는 점이다. 왜냐하면 본래 멍때리기는 자신도 모르는 사이에 이루어지고 빠져드는 완전한 몰입이기 때문이다.

무의식적으로 빠져드는 멍때리기는 진정한 쉼이고 휴식이며, 이러한 시간을 통하여 온전히 자기가 되는 순간이다. 이처럼 인간이 무의식적으로 자기도 모르게 빠져드는 행위가 멍때리기라면 의식을 가지고 하는 행위는 집중이다. 이런 점에서 최근 우리 사회 일각에서 유행하고 있는 멍때리기는 의도적, 계획적인 집중이라고 할 수 있으며, 그런 점에서 본래의 멍때리기와는 다소 거리가 있다고 할 수 있다. 오히려 이러한 멍때리기는 정신적으로 부담이 되고 새로운 스트레스를 유발할 수도 있다.

멍때리기는 필요하지만 지금처럼 의도적, 계획적 멍때리기의 효과에 대해서는 그다지 공감되지 않는다. 물론 이렇게라도 하지 않으면 멍을 때릴 수 있는 시간을 확보하기 쉽지 않기 때문이라는 점에서는 이해하지만, 사실 의도적인 멍때리기는 애초의 멍때리기와는 그 본질에 있어서 거리가 있다고 여겨지기 때문이다.

최근 교육 분야에서도 놀이 중심 유아교육을 강조하면서 놀이를 통한 학습이나 배움을 주장하고 있는데, 나는 놀이가 공부나 학습을 목적으로 한다면 그 순간부터 그것은 더 이상 놀이가 아니라고 본다. 왜냐하면 놀이는 그 자체가 목적이 되는 '놀이의 무목적성'이 가장 중요한 특징이기 때문이다. 마찬가지로 멍때리기도 멍때리기 그 자체가 목적이어야 하고 그 외의 다른 목적을 가지고 행해진다면 그것은 더 이상 멍때리기라고 보기 어렵다. 그런 점에서 바람직한 멍때리기는 일상생활 속에서 자연스럽게 이루어지는 것이다. 삶 속에서, 일상생활 속에서 순간순간 멍을 때리는 것이 가장 좋다. 어쩌면 그것은 삶의 여유를 가지는 것이고 느리게 사는 태도일 수도 있다. 그래서 멍때리기가 쉽지 않은 것이다.

멍때리기를 하기에 가장 좋은 시간은 단연코 '여행'이다. 우리가 여행을 좋아하는 것은 여행이 일상에서 벗어나 오직 여행 그 자체를 즐길 수 있기 때문이다. 여행을 하다 산이나 계곡, 바다 등을 보면서 대자연의 신비나 아름다움을 경험할 때가 있다. 울창한 숲과 맑은 계곡물 소리, 산새 소리, 바람 소리에 취해 시간 가는 것을 잊을 때도 있고, 타오르는 장작불을 무념무상으로 오랜 시간 그냥 바라볼 때도 있다. 또 철썩거리는 파도 소리와 부서지는 물보라, 수도 없이 밀려왔다 밀려가는 물결, 저 멀리 아득한 수평선을 응시하며 아무 생각 없이 상념에 젖기도 한다. 세상 모든 일을 잊어버리는 순간, 물아일체(物我一體)가 되어 시간의 흐름도 일과 걱정도 세상도

잊고 심지어 나 자신마저도 잊는 때가 있다. 사실 이런 멍때리기를 경험할 수 있다면 그것은 제대로 된 여행이고, 여행 그 자체로 멍때리기의 시간이 된다.

요즘 바다멍, 비(雨)멍, 바람(風)멍, 불(火)멍, 하늘멍, 별멍, 음악멍 등 다양한 형태의 멍을 즐기는 사람들이 많아졌고 그것을 통해서 많은 위안을 받기도 한다. 바람직한 현상이다. 의도적인 멍때리기는 본래의 멍때리기와 거리가 있는 것이 사실이지만 그렇게 해서라도 위안을 받는다면 그 자체로 의미가 있다. 중요한 것은 살아가면서 생활 속에서 종종 멍을 때릴 수 있으면 가장 바람직하다는 것이다. 그냥 방에서 창문 열고 밖을 보다가 시원한 바람결에 나도 모르게 멍을 때리고, 길을 가다가 보도블록 틈새로 피어난 민들레꽃을 보면서도 멍을 때린다. 또한 비 오는 날 자신도 모르게 빗소리에 흠뻑 젖어 들어 자연스레 멍을 때릴 수 있다면 그것이야말로 가장 좋은 멍때리기다.

결국 일상 속에서의 멍은 삶의 태도와 밀접하게 관련되어 있다. 우리의 삶이 바쁘고 팍팍하지만 그 속에서 여유를 가지고 다른 사람과 비교하지 않으며 자신만의 삶을 살 때, 즉 여유를 가지고 느리게 사는 삶의 태도를 견지할 때 제대로 된 멍때리기가 가능하지 않을까 싶다.

나는 집에서도 아롱이를 보고 있으면 수시로 '아롱멍'에 빠진다. 아롱이는 자고 있어도, 놀고 있어도, 먹고 있어도, 졸고 있어도, 하품을 하고 있어도 너무 귀엽고 예쁘다. 또 산책할 때도 나도 모르게

아롱멍에 빠진다. 엉덩이를 쌜룩거리며 걷고 있는 아롱이, 쿵쿵거리며 풀냄새를 맡고 있는 아롱이, 가다가 돌아서서 반짝이는 예쁜 눈으로 쳐다보는 아롱이를 보면 아롱멍에 빠질 수밖에 없다.

내게 최고의 멍은 바로 아롱멍이다. 이 세상 최고의 멍! 아롱멍! 멍! 멍! 멍!

즐거운 여행,
그날을 위해

    오랜만에 가족 여행을 다녀왔다. 아마도 아롱이와 함께한 세 번째 여행인 셈이다. 1박 2일로 거제도를 다녀왔으니까 사실 여행이라고 하기도 뭣하지만, 그래도 오랜만에 부산을 떠나 하루를 지내고 왔으니까 여행을 다녀온 셈이다. 1박 2일이어서 멀리 갈 상황도 아니고, 아롱이가 차 타는 걸 힘들어해서 가까운 곳을 검색하다가 거제도에 있는 반려견 동반 펜션을 발견하게 되었고 그곳으로 향했다.

    출발하기 전에 우리가 짐을 챙긴다고 이 방 저 방을 다닐 때마다 아롱이는 졸졸 따라다니면서 눈치를 보았다. 같이 간다는 말을 하지 않은 탓에 아롱이는 엄마 아빠가 자신을 집에 두고 외출하는 것으로 생각한 듯 풀이 죽어 있었다. 보다 못한 엄마가 "아롱이도 같이 갈 거야."라고 말하고 난 후부터는 아롱이 표정이 좀 밝아 보였다. 출발하기 전에 가슴줄을 할 때도 다른 때 같으면 숨거나 살짝 으르렁거리기도 할 텐데, 가슴줄을 가지고 오니까 오라고 하지 않았는데도 달려왔다. 우리 아롱이는 눈치 하나는 정말 타고났다.

차를 타고 갈 때도 아롱이는 여전히 긴장 모드였지만, 휴게소를 들르고 난 후로는 안정을 거의 되찾은 것 같았다. 펜션에 도착했을 때 비가 조금 내려서 잔디가 젖어 있었지만, 아롱이는 잔디밭을 즐겁게 뛰어다녔다. 숙소에 들어갈 때도 아롱이는 숙소를 잘 아는 것처럼, 혼자 먼저 숙소 안으로 들어가서는 위층으로 뛰어 올라갔다. 우리 숙소가 2층이어서 내가 위아래층을 돌아다니며 아롱이를 찾았는데, 한참 후에야 내려왔다. 방에 들어가서 먼저 아롱이 방석을 두 개의 침대 사이에 깔아준 다음, 물그릇과 배변 패드를 적당한 곳에 배치해 주었다.

짐 정리를 마치고 창밖으로 펼쳐진 바다와 주변 경관, 그리고 산을 보니 너무 아름다웠다. 그러자 아롱이도 두 발로 벽에 기대어 서서 보려 하기에, 아롱이를 안아서 아름답고 푸른 바다와 안개가 내려앉은 산자락을 보여주었다. 아롱이가 이런 자연의 아름다움을 얼마나 느낄 수 있을지는 모르지만, 함께 바라본 그 순간이 너무 행복했다.

잠시 후, 바닷가 산책을 했는데 사람이 거의 없어 목줄을 풀어주었더니 아롱이는 자유롭게 여기저기 즐겁게 뛰어다녔다. 행복하고 즐거운 표정으로 뛰어다니는 아롱이를 보니 나도 덩달아 기분이 좋았다. 펜션으로 돌아와 준비해 간 고기와 해산물로 바비큐를 하고 있는데, 주변에 있던 길냥이 두 마리가 가까이 왔다. 그래서 구워놓은 고기를 던져 주었더니 한 녀석은 손으로 만질 수 있을 정도로 가까이 왔고, 다른 녀석은 고기는 받아먹으면서 가까이 오지는 않았다. 아롱이는 주로 소고기를 주고 길냥이들은 돼지고기를 주었는데, 길냥이들에게 살짝 미안한 마음이 들어 아롱이에게 주려고 남겨두었던 돼지고기까지 모두 주었다.

다음 날, 아침을 먹고 검색을 해보니 근처 바닷가에 아름다운 애견 동반 카페가 있다고 해서 커피도 마실 겸, 분위기도 볼 겸해서 갔다. 이 카페는 바닷가에 자리 잡고 있어서 오션뷰가 환상적이었다. 특히 2층의 바다 전망은 마치 배를 타고 있는 느낌을 주었다. 하지만 반려견 동반은 1층만 가능하고 2층은 출입이 불가하다고 했다. 그리고 카페 1층에서도 강아지를 켄넬 안에 두거나 의자 위에만 둘 수 있고 바닥에 내려놓는 것은 불가하다고 했다. 그러면 처음부터 그렇게 광고를 할 것이지, 반려견 동반 카페라고 해놓고 제한을 너무 많이 해서 씁쓸한 기분이 들었다. 쫓기듯이 잠시 커피만 마시고 나와서 점심을 먹기 위해 또 다른 반려견 동반 식당을 찾아갔다.

반려견 동반 식당이라고 했지만 조금 전의 경험도 있고 해서 반려견 동반이 가능한지 물어보려고 식당 문을 열었는데, 식당 주인이 황급히 쫓아 나오면서 켄넬 안에 넣어서만 입장 가능하다고 말했다. 두말하지 않고 돌아서 나왔다. 그럴 것 같으면 애초에 켄넬이나 가방 속에 넣어서만 입장 가능하다고 해야 하지 않을까? 가게 홍보 블로그나 인터넷 안내에는 반려견 동반이 가능하다고 해놓고 실제로는 반려견을 이렇게 제한적으로 허용하는 곳이 대부분이어서 정말 기분이 언짢았고, 심지어 배신당한 느낌마저 들었다. 아마도 노키즈존이나 노실버존에 입장을 거부당할 때도 이런 느낌이 아닐까 싶었다.

즐거운 여행이었지만 마음 한편엔 아쉬움이 있는, 그리고 아롱이에게 미안한 마음이 드는 여행이기도 했다. 이 글을 쓰고 있는 지금, 예쁜 우리 아롱이는 여행으로 인한 피곤함 때문인지, 낯선 환경이나 차멀미 같은 스트레스 때문인지, 아니면 그럼에도 불구하고 행복한 경험 덕분인지, 내 방 동글이 방석에서 네 다리를 쭉 뻗은 채 완전 무장해제를 하고 새근거리며 꿈나라 여행을 하고 있다. 아롱이를 보면서 속으로 말했다.

"아롱아, 조금만 기다려. 아빠가 우리 아롱이와 아롱이 친구들이 많은 곳을 자유롭게 드나들 수 있도록 열심히 노력해 볼게. 그때가 되면 아빠하고 우리 아롱이하고 자주 여행 가자. 그때까지 아빠도 아롱이도 건강하기다."

『2025 한국반려동물보고서』에서 볼 수 있듯이 우리나라의 반려인은 총인구의 약 30%인 1,546만 명으로, 이제 반려동물을 양육하는 것은 거의 일반화되었다. 그런데도 반려동물과 함께 여행하기에는 여전히 제약이 너무 많다. 물론 일부 지자체에서는 명절이나 휴가철에 반려동물 위탁 보호 서비스를 실시하여 반려동물을 안심하고 맡길 수 있도록 '펫 위탁소' 등을 운영하는 곳도 있다. 하지만 아

직 일반화되지 않았고 특히 반려인의 입장에서 가족이나 다름없는 반려동물을 다른 사람이나 기관에 맡기고 마음 편하게 여행을 가기란 쉽지 않다.

앞으로 우리나라도 반려동물 문화가 선진화되어 있는 나라들처럼 반려동물을 동반하여 자유롭게 출입할 수 있는 반려동물 동반 숙박시설이나 식당이 많이 생겼으면 좋겠다. 이미 반려동물을 가족처럼 여기는 인구가 이렇게 많아졌으므로 반려동물 동반 문화는 오히려 새로운 문화적 흐름이자 새로운 시대 흐름에 부응하는 일이라고 할 수 있다. 또한 경영상으로도 전혀 손해 보는 일은 아니라고 판단된다. 하루빨리 아롱이와 함께 편안한 마음으로 자유롭고 즐겁게 여행할 수 있는 그런 날이 왔으면 좋겠다. 아롱이와 나를 위해서, 그리고 모든 반려동물과 반려인들을 위해서.

아롱이는
다주택자

    태어난 지 두 달 된 아롱이는 우리 집에 처음 왔을 때 낯선 환경 때문인지 엄마 방 침대 뒤쪽 좁은 틈새에 들어가서 잘 나오지 않았고 잠도 그 안에서 잤다. 그래서 우리는 아롱이를 침대와 벽 사이에서 나오게 하려고 무진 애를 썼다. 그러다 어느 순간 마음이 조금 편해졌는지 밖으로 나와서 우리와 같이 생활하며 지내게 되었다.

    우리 집에 와서 별도의 집이 없었을 때는 아롱이가 앉아 있거나 엎드려서 쉬는 곳, 자는 곳이 곧 아롱이 집이고 방이었다. 엄마나 아빠 침대 위에서도 자고, 소파 위에서도 쉬거나 자는 아롱이를 보고 안쓰러운 마음이 들어 그 당시에 일명 '마약 방석'으로 인기가 있던 푹신푹신 분홍색 동글이 방석을 사서 거실에 두었다.

    아롱이는 낮에는 거실에 있는 동글이 방석에서 쉬거나 자는데, 밤에 잠잘 때는 엄마 방이나 아빠 방에 와서 자고 싶어 해서 동글이 방석을 하나 더 사서 내 방에 두었다. 그런데 동글이 방석은 사방이 모두 트여 있어 아롱이가 엄마와 아빠를 언제나 볼 수 있는 장점은 있다. 그렇지만 아롱이가 완전히 노출되어 있다 보니 주위의 상황이나 변화에 민감하게 반응할 수밖에 없어서 편하게 쉬거나 잠을 자는 데 방해가 되는 것 같았다. 특히 아롱이를 무지하게 좋아하는 내가 아롱이 곁을 지나가다 수시로 다가가서 만지고 뽀뽀하고 장난을 치기 때문에 아롱이가 편하게 쉬지 못하는 것 같아 미안하기도 했다.

동물들은 본래 자기 영역이 있고, 특히 집 근처를 자기 영역으로 생각하기에 방어하려고 하는 본능이 있을 수밖에 없다. 우리 아롱이도 그런 본능을 가지고 있고 그 영역을 지키려고 하는 것을 알기에 몇 번이나 내 행동을 고치려고 했다. 하지만 마음처럼 잘되지 않아 어떻게 할까 고민하다 갑자기 집을 사 줘야겠다는 생각을 했다. 왜냐하면 아롱이에게 집을 사주면 아롱이가 집 안에 들어갈 것이고, 그러면 내가 지나가다가 아롱이에게 장난치는 것도 고칠 수 있고 아롱이도 주위에 시선을 빼앗기지 않고 편하게 쉬거나 잘 수 있을 것 같아서였다. 또 아롱이는 주로 내 방의 동글이 방석에서 자는데, 동글이 방석이 출입문 쪽에 있어서 내가 밤에 자다가 물을 먹거나 화장실을 갈 때 어두워서 아롱이를 밟을 수도 있겠다는 걱정도 들었다. 이런 생각을 몇 번이나 아내에게 말해보았지만, 아롱이가 집 안에 들어가지 않을 것이라고 하면서 꿈쩍도 하지 않았다. 그래서 틈만 보고 있었는데 아내가 2박 3일로 출장을 간다기에 그때

결행하기로 했다. 마침 개린이날이 며칠 후라서 아롱이에게 선물로 사주어야겠다고 생각했다.

아내가 출장을 가고 나서 펫마트에 들러서 개집을 몇 개 살펴봤다. 플라스틱 집은 왠지 날림 같아 보였고, 건강에도 좋지 않을 것 같아 전원주택 같은 원목으로 된 집을 사주고 싶었다. 그런데 내가 들린 가게에는 나무로 된 집이 없었다. 그 이유를 물어보니 나무로 된 집은 주문 제작해야 한다고 했다. 거기에다 나무로 된 집은 실내에 두기에는 크기도 좀 클 것 같기도 했고, 결정적으로 가격이 다른 개집의 몇 배나 되었다. 또 나무로 된 집을 샀을 경우 아롱이가 그 집에 들어가지 않으면 자칫 애물단지가 될 것 같아 결국 전원주택 모양으로 사방 벽에 창이 나 있는 플라스틱 집을 사기로 했다. 플라스틱으로 된 집을 들고 계산을 하려는 순간, 근처 진열장 위에 있는 삼각형 모양에 천으로 된 핑크빛 예쁜 집이 눈에 띄었다. 진열장에 있던 것을 내려서 살펴보니 접이식으로 예쁘기도 하고 부드럽기도 한 데다, 결정적으로 아롱이의 연분홍빛 피부색과 비슷하여 아롱이가 좋아할 것 같아 결국 그 집을 사게 되었다.

집으로 돌아오는 차 안에서 우리 아롱이가 예쁜 집 안에서 편안하게 자는 모습을 상상하니 기분이 너무 좋았다. 집에 오자마자 "아롱아, 개린이날 선물 사 왔다!"라고 말하고는 즉시 비닐 포장을 벗긴 후에 거실 동글이 방석 옆에 두었다. "아롱아, 아빠가 큰마음 먹고 네 집을 한 채 샀다. 좋지?" 하고는 빨리 집에 들어가라고 했으나, 아롱이는 들어갈 마음이 전혀 없었다. 집 안에 아롱이 냄새를 묻히기도 하고 내 옷을 집 안에 두기도 했지만, 아롱이는 집 안에 들어갈 생각이 없어 보였다. 집 안에 장난감을 놓으면 물고 나오기는 했지만 그 안에 들어가 있으려고 하지는 않았다. 보다 못해 내가 집 안에 아롱이를 밀어 넣으려니까 아롱이는 으르렁거리며 이빨을 드러내기까지 하였다. 아롱이가 자유주의자인 것을 알고는 있었지만, 아빠의 마음을 이렇게 알아주지 못할 것이라고는 전혀 예상하지 못했다. 그래서 작전을 바꾸어서 시간을 두고 천천히 집 안에 들어가도록 해야겠다고 생각했다.

다음 날에는 새로 산 아롱이 집 안에 동글이 방석을 깐 다음 간식을 보여주며 "하우(스)." 하니까 아롱이가 집 안으로 들어가서 간식을 기다렸다. 몇 번 간식을 주며 훈련을 하니까 집안에 들어가서 앉아 있기는 했다. 그런데 잘 때는 집 근처에서 서성거리더니 엄마 방으로 가버렸다. 어떻게 할까 고민하다가 잠잘 때는 편하게 자는 것이 좋겠다 싶어서 본래대로 동글이 방석을 내 방에 두고 새로 산 집을 그 옆에 두었다. 오늘 조금 가능성을 보였으니까 며칠 내로 아롱이가 새집에 적응해서 편하게 생활할 것이라고 기대했다.

어쨌거나 이번 어린이날 선물로 집을 하나 더 사주고 나니 아롱이 집이 또 늘었다. 결국 아롱이가 자거나 쉴 수 있는 방석으로 된 집이 거실에 하나, 아빠 방에 하나, 엄마 방에 하나로 방석으로 된 집만 해도 세 개나 된다. 또 이번에 새로 산 집에다 언제든지 가서 자거나 쉴 수 있는 거실 소파, 아빠 침대, 엄마 침대를 합하면 우리 집은 전체가 거의 아롱이 집이나 마찬가지다. 그야말로 아롱이는

다주택자다. 아빠가 이렇게 집을 많이 사주었으니까 언젠가는 아롱이도 아빠에게 집을 사주지 않을까 하는 상상도 해본다.

"아롱아, 아빠가 아롱이를 위해서 개린이날 선물로 거금을 들여서 집을 한 채 사줬잖아. 아빠 성의를 생각해서 빨리 집 안에서 자고 쉬었으면 좋겠어. 대신 앞으로 우리 아롱이가 집 안에 쉬고 있거나 자고 있을 때 절대로 아빠가 건드리지 않을게. 약속!"

아롱이가 아빠의 마음을 이해하고 하루빨리 새집으로 이사했으면 좋겠다. 그러면 아롱이도 자다가 깨지 않고 편하게 푹 잘 수 있을 테니까.
"아롱아, 새집으로 이사 들어가자. 대신 아빠가 집들이 선물로 맛있는 간식 듬뿍 사줄게."

3장 사이
차이와 존중

단순한 식사와 간식에도 기뻐하고 짧은 산책에도 감사하고 행복해한다. 이런 아롱이의 행동을 보면 사람보다 개는 훨씬 더 인간적(?)이다.

사람들은 동물이 사람 말을 알아듣지 못한다고 말한다. 그런데 이것은 사람의 입장에서 판단하기 때문일 수도 있다. 어쩌면 동물들은 하루 종일 자신만의 언어로 우리에게 끊임없이 말을 걸고 있는데, 우리가 그것을 알아듣지 못하는 것일 수도 있다.

곧 사람이
될 거야

　전래동화를 읽거나 TV 프로그램 「전설의 고향」을 보면, 백년 묵은 여우나 천 년 묵은 이무기가 사람이 되기 위해 사람을 홀려서 간을 빼먹거나 제물로 삼아 잡아먹는 이야기가 자주 등장한다. 사람이 되기 위해서 사람을 죽이거나 잡아먹는다는 아이러니한 이야기지만, 어린 시절에는 그것이 진짜인 줄 알고 무서워했던 기억이 난다. 이런 이야기들의 공통점은 모든 존재(자)가 사람이 되고 싶어 한다는 것이다. 단군신화에서 곰이나 호랑이가 동굴 속에서 쑥과 마늘만 먹으며 사람이 되기 위해 노력했던 것 역시 같은 맥락에서 이해할 수 있다. 그만큼 인간은 세상 만물이 되고 싶어 하는 매력적인 존재이다. 인간 존엄성이나 인간 존중 사상 역시 인간은 모든 만물과 구별되면서도 모든 존재가 되고 싶어 하는 특별한 존재라는 인식에서 비롯되었다고 할 수 있다.

그런데 우리 아롱이도 사람이 되고 싶어 하는 것 같다. 어쩌면 머지않아 사람이 될지도 모른다. 그렇게 생각하게 된 데는 여러 가지 이유가 있다. 우선 아롱이는 개보다 사람을 더 좋아한다. 아롱이는 성격이 좋아서 특별한 경우를 제외하면 다른 강아지들과도 잘 지내지만 개보다는 사람을 더 좋아한다. 길을 가다가 사람을 만나면 아롱이는 다가가서 냄새를 맡기도 하고 두 발로 격하게 반기기도 한다. 특히 간식을 주는 사람은 그 순간만큼은 아빠보다 더 좋아한다. 이런 아롱이를 보면서 '아롱이가 사람과 사니까 자신을 사람으로 생각하는 것이 아닐까?' 하는 생각이 든다.

그리고 아롱이는 사람이 먹는 것은 무엇이든지 잘 먹는다. 고기는 물론 밥, 국수, 파스타도 좋아한다. 사과, 배, 감 같은 과일도 잘 먹고 배추나 상추, 오이, 수박, 토마토, 파슬리, 브로콜리, 콜라비 등 못 먹는 채소가 없다. 심지어는 아빠가 먹는 쓰디쓴 여주도 주는 대로 아작아작 씹어 먹는다. 특히 면을 잘 먹는 나를 닮아서 그런지, 국수나 파스타를 아주 좋아한다.

우리 집 근처에 파스타 가게가 한 곳 있는데, 거기는 반려견 동반이 가능한 곳이어서 가끔 아롱이를 데리고 간다. 집 근처라 편한 지인이나 제자들을 만날 때 종종 그 가게에 아롱이도 데려가는데, 언제부턴가 사장님께서 음식을 내주실 때 아롱이가 먹을 수 있도록 간을 하지 않은 파스타 면과 샐러드를 예쁜 그릇에 따로 담아 주셨다. 그러다 보니 요즘은 산책을 하다가 근처를 지나면, 아롱이가 파스타 가게 쪽으로 아빠를 끌고 가려고 할 정도로 그곳에 가는 것을 무척 좋아한다.

또 아롱이는 약을 먹고 나면 사람처럼 스스로 물을 마신다. 내가 장에 좋다는 원기소 같은 약을 먹는데, 아롱이는 그 약을 주면 와작와작 씹어 먹는다. 어린 시절 먹었던 고소한 원기소 비슷한 그 약을 먹을 때 나는 한 번에 열 알씩 먹고 물을 마시는데, 어느 날 아롱이가 내가 약을 먹는 것을 보고 입맛을 다셔서 먹고 남은 한 알을 주었더니 와자작 깨물어 먹었다. 이후부터 아롱이 장에도 좋을 것 같아 내가 먹을 때마다 한 알씩 주었더니 어느 순간부터 약병을 드는 소리만 나도 쫓아 나와 약을 받아먹고는 아빠를 따라서 물을 마시기 시작했다. 가끔 약을 먹고 나서 물을 먹지 않고 갈 때, "아롱아, 물 먹어야지." 하고 말하면 돌아와서 다시 물을 먹고 간다. 이런 아롱이의 모습을 보고 있으면 절로 웃음이 난다.

아롱이는 잠자는 모습도 사람 같다. 이전에는 개가 엎드려서 자는 줄만 알았는데, 아롱이를 키우면서 개는 옆으로 누워서 자기도 하고, 벌러덩 드러누워 자기도 한다는 것을 알게 되었다. 또 잠을 잘 때 꿈도 꾸고 잠꼬대도 하는 것 같다. 자는 동안 꿈을 꾸는 듯 뛰어가는 것처럼 발을 허우적거리거나, '월월월' 짖기도 하고, 갑자기 후다닥 달려 나가기도 한다. 어릴 때는 짖기만 하던 아롱이가, 언제부턴가 짖지 말라고 하면 이리저리 돌아다니면서 입속으로 웅얼웅얼하기도 한다. 내가 보기에는 짖고 싶은데 짖지 말라고 하니까 짜증이 나서 사람처럼 혼자 돌아다니면서 '구시렁구시렁'하는 것 같다. 개는 '월월월' 하고 짖기만 하는 줄 알았는데, 아롱이와 같이 살다 보니 개도 사람처럼 웅얼웅얼하거나, 표정이나 행동으로 의사 표시를 한다는 것을 알게 되었다.

또한 아롱이는 사람처럼 계획적으로 행동한다. 우리가 고기를 먹을 때 아롱이에게 상추를 주면 평소에 잘 먹던 상추를 받아놓기만 하고 고기를 다 먹은 후에야 먹는다. 그리고 아롱이는 사람, 특히 아빠 말을 잘 알아듣는다. 가끔 헷갈릴 때도 있지만, 눈치코치로 금방 알아챈다. 무엇보다도 아롱이는 사람보다 훨씬 의리가 있다. 다른 사람과 같이 산책하러 나갔다가 같이 나간 사람이 보이지 않으면, 아롱이는 그 사람이 올 때까지 얼음이 되어 꼼짝도 하지 않는다. 그래서 나는 아롱이를 '의리녀'라고 부른다.

어쩌면 아롱이는 이미 사람이 된 것 같기도 하다. 아니면 내가 아롱이의 표정이나 소리를 잘 알아들으니까, 내가 개가 된 걸지도 모르겠다. 내가 개가 된 것인지, 아롱이가 사람이 된 것인지 정말 헷갈린다.

『장자』(莊子)의 「제물론」 편(齊物論 篇)에 나오는 호접지몽(胡蝶之夢) 이야기가 떠오른다. 장자는 꿈속에서 자신이 나비가 된 것인지, 나비가 꿈속에서 장자 자신이 된 것인지 혼란스러워한다. 이 고사성어는 흔히 인생의 덧없음을 뜻하는 말로 일장춘몽(一場春夢)이나 남가일몽(南柯一夢)과 비슷한 의미로 사용되기도 하고, 물아일체(物我一體)로 이해되기도 한다. 하지만 나는 인간의 관점에서만 세상을 바라보지 말고 동물이나 식물, 무생물 등 모든 존재(자)의 관점에서 세상을 바라봄으로써 다른 존재를 이해하고, 세상에 대한 안목을 넓히라는 말로 해석한다. 호접지몽을 어떻게 해석하든지 간에 우리 인간은 언제든지 다른 존재의 관점에서 세상을 바라볼 수 있어야 한다. 그런 관점에서 바라보는 것이 오히려 나를 위해서, 그리고 인간을 위해서 반드시 필요한 것이라고 본다. 이는 질 들뢰즈(Gilles Deleuze)가 말하는 '되기(Becoming)'의 개념과도 통한다. 좀 더 구체적으로 말하면 '동물 되기'이고, 나와 아롱이에게 적용하면 아롱이의 '사람 되기'이자 아빠의 '개 되기'이다.

나는 아롱이가 사람이 되고 싶어 하는지 확실히는 모른다. 다만 아롱이가 사람이 먹는 것이나 사람이 하는 행동을 따라 하는 것을 보면 사람을 좋아하는 것은 분명하고, 그래서 사람이 되고 싶은 것은 아닐까 하고 짐작할 뿐이다. 그러면 사람과 동물의 차이는 무엇일까? 차이가 있기는 한 것일까? 이러한 의문은 아롱이의 감정이나 표정을 어느 정도 이해하게 되면서 '아롱이와 나는 어떤 차이가 있을까?' 하는 생각이 들었기 때문이다. 장자의 호접지몽과는 차이가 있을지라도 아롱이와 나 사이가 헷갈리는 요즘이다. 물아일체, 즉 물아의 구별이 없는 만물일체의 관점에서 보면 나와 아롱이, 인간과 동물, 그리고 모든 존재(자)의 구별은 본질적으로 큰 의미가 없는 것은 아닐까. 오히려 그것은 인간 중심주의에 사로잡힌 한낱 인간의 구별이나 차별일지도 모른다.

아롱이는 어쩌면 사람이 되고 싶어 하고, 나는 가끔 아롱이 같은 개가 되고 싶어 한다.

"아롱아, 너는 사람이 되고 싶은 거지? 나는 개가 되고 싶어."

강아지 똥

사람마다 다를 수는 있지만 평범한 나에게 똥은 일단 더럽게 느껴진다. 개똥도 마찬가지다. 길가에 널브러져 있는 개똥을 보면 더럽기도 하지만 언짢은 기분이 든다. 특히 그것을 다른 사람이 밟은 흔적이 보이면, 그 사람이 얼마나 불쾌했을지가 짐작이 되어 괜스레 미안해진다. 아마도 내가 아롱이를 키우고 있어서 자격지심이 작용한 탓일 게다. 사람 똥이든지 개똥이든 똥은 더럽다. 그래서 그 더러움을 조금이나마 완화하려는 마음에 똥이라는 단어 대신 '대변'이나 '응가'라고 표현하는 것이 아닌가 싶다.

그런데 이렇게 더러운 똥을 긍정적인 이미지로 바꿔놓은 분이 동화 작가 권정생 선생님이다. 권정생 선생님이 소재로 다룬 것은 사람 똥이 아닌 강아지 똥이지만, 어쨌든 그 더러운 똥을 무해하고 유익하며 귀여운 존재로 바꿔놓았다. 그야말로 개똥도 쓸모가 있게 된 것이다.

아롱이는 집 안에서나 밖에서나 어디서든지 똥을 잘 눈다. 어떤 아이들은 집에서 똥을 누지 못하고 밖에 나가야 똥을 누는 아이들도 있다는 것을 생각하면, 똥을 잘 누는 평범한 우리 아롱이가 너무 고맙다.

산책하러 나가면 아롱이는 여기저기 냄새를 맡고 마킹을 한다. 아롱이가 오줌이나 똥을 누면 정말 웃긴다. 오줌을 눌 때는 뒷발 두 개를 다 들고 앞발만으로 몸을 지탱하면서 오줌을 누는데, 처음에는 우리 아롱이만의 특별한 행동인 줄 알았다. 그런데 나중에 보니 그렇게 오줌을 누는 다른 강아지들도 있다는 걸 알고 놀랐다.

아롱이는 산책을 시작하면 얼마 지나지 않아서 빨리 걷기 시작한다. 천천히 걷다가 토끼처럼 깡충깡충 뛰고, 어느 순간 빛의 속도로 달리기 시작한다. 예전에는 잘 몰랐지만, 이제는 아롱이의 습관을 알기에 나도 같이 달린다. 나를 끌다시피 해서 달린 아롱이는 특정 장소에 도착하면 몇 바퀴 돌고 나서 등을 활처럼 휘고 있는 힘껏 똥을 눈다. 개들이 대소변을 볼 때는 무방비 상태라 주인이 지켜봐 주는 것이 좋다고 하지만, 나는 교양 있는 우리 아롱이가 부끄러워할까 봐 눈을 다른 데로 돌린다. 똥을 다 누고 나면 아롱이는 힘차게 발차기를 한다. 내가 그 모습을 좋아하며 칭찬하니까 아롱이는 보란 듯이 나를 힐끗힐끗 쳐다보며 더 열심히 발차기를 한다. 아롱이가 볼 일을 마치면 나는 배변 봉투를 꺼내 조심스럽게 똥을 집는다. 비닐로 싸잡은 똥은 따뜻하고 촉감이 말랑말랑해서 참 좋다. 본래 "자식 똥은 냄새가 안 난다."라는 말처럼 나는 지금껏 아롱이 똥에서 냄새가 난다고 느낀 적이 단 한 번도 없다. 이런 점에서도 아롱이는 확실히 아빠 딸이 맞다. 하지만 그 옆에 다른 강아지 똥이 있으면 손이 잘 가지 않는다. 아마도 아롱이 똥과는 다르게 느껴지기 때문일 것이다.

이렇게 아롱이의 똥이나 오줌을 치울 때는 더럽다거나 불결하다는 생각이 들지 않지만, 길가에 덩그러니 방치된 개똥을 보면 불쾌한 기분이 드는 건 어쩔 수 없다. 개를 키우는 나도 언짢은데, 개를 키우지 않는 사람들은 오죽할까 싶다. 그런데 하필이면 아롱이는 우리 아파트 정문 쪽의 경비실 옆 공터 같은 화단에 가서 주로 똥을 눈다. 배변 봉투에 주워 담기는 하지만 경비실에 계신 분들께 괜스레 죄송한 마음이 든다. 그래도 아롱이는 아랑곳하지 않고, 늘 그곳을 화장실로 이용한다.

하나 고백할 게 있다. 산책하러 나가면 아롱이가 서서 움직이지 않는 경우가 종종 있었다. 예전엔 아롱이가 산책 중에 멈춰 서면 이유를 몰라서 다그치고 끌고 가려고 했다. 출근 시간이 급할 땐 "야, 인마! 빨리 가자."라고 소리치기도 했다. 그래도 계속 멈춰 서 있으면 안고 가다가 다시 내려놓고 걷게 하곤 했다. 그런데 최근에서야 그 이유를 알았다. 아롱이가 걷지 않으려 했던 건 바로 똥이 마려웠기 때문이었다. 그것도 모르고 다그치고, 꾸짖고, 끌고 다니고, 안아서 데려갔던 것이다. 그 사실을 깨달았을 때 아롱이에게 정말 미안했다.

아롱이에게 사랑한다고 수 없이 말하고 다른 사람들에게 도 아롱이를 위하는 것처럼 말 해왔지만, 정작 가장 기본적인 생리적 현상조차 알아채지 못 했던 내가 너무 부끄러웠다. 그 걸 깨닫는 데 무려 5년이 걸렸 다. 이후로는 아롱이가 멈추면 먼저 흙이나 잔디, 낙엽이 있 는 공간으로 데려간다. 그랬더
니 이제는 아롱이가 산책 중에 멈춰 서는 일이 거의 없다.

 교육 현장에서도 선생님이 아이를 이해하면 아이의 문제가 해결 되는 경우가 많듯이 반려견도 마찬가지다. 아롱이를 이해하고 나니 까 그런 상황이 거의 발생하지 않았다. 사람이든 동물이든, 양육자 나 교육자가 그 대상을 제대로 이해하는 것이 정말 중요하다는 것 을 새삼 느꼈다. 눈높이 교육이 그래서 중요한 것이리라!

 권정생 선생님의 동화 『강아지 똥』이 많은 사람에게 감동을 주 었듯이 아롱이 똥도 나에게 중요한 깨달음을 주었다. 아롱이 똥을 통해서 사람과의 관계든 동물과의 관계든, 서로를 이해하는 것이 얼마나 중요한지를 다시 생각하게 되었다. 『강아지 똥』이 말하듯, 우리 아롱이의 똥도 분명 쓸모 있고 고마운 똥이다.

순도 100%의 사랑

많은 사람이 친구가 중요하다고 말한다.

그런데 나이가 들수록 친구가 많아지기보다는 오히려 줄어드는 것 같다. 지금까지 살아오면서 참 많은 사람을 만나왔고, 그중에는 모든 것을 주어도 아깝지 않을 것 같은 친구들도 있었다. 그러나 지금은 그런 확신이 들지 않는다. 여전히 친하긴 하지만 각자가 하는 일도 관심사도 다르고, 생각도 달라지다 보니 예전처럼 공감대가 잘 형성되지 않는다. 그래서 요즘 가끔 '친구는 어떤 존재일까?', '어떤 관계가 진정한 친구 관계일까?'라는 생각을 하게 된다.

사실 친구도 중요하지만 혼자서도 잘 놀고 잘 사는 것이 정말 중요하다. 혼자서 잘 사는 사람은 다른 사람과의 관계도 건강하게 유지할 수 있다. 나이가 들어서도 마찬가지다. 많은 친구를 만나고 여러 모임에 나간다고 행복한 삶이 보장되거나 외롭지 않은 것은 아니다. 오히려 친구나 모임에 나가는 것이 스트레스가 되고 에너지를 소진하는 일이 될 수도 있다. 나 혼자서도 즐겁게 재미있게 잘 놀고, 잘 살 줄 알아야 한다.

코로나19 이후 동창회나 친목회 같은 모임이 잘 이루어지지 않는다. 과거에는 동창회나 직장 내 회식이 많았지만, 요즘은 직장 회식에 꼭 참석해야 하는지, 참석하면 시간 외 수당을 주는지 여부를 묻는 경우도 있다고 한다. 대신 취미나 관심 분야를 중심으로 하는 동호회 성격의 모임이 많이 생겨났다. 예전처럼 '우리가 남이가' 식의 유대보다는, 공동의 관심사를 매개로 한 관계 형성이 더 활발해지고 있는 것이다.

이러한 변화는 코로나19를 기점으로 더욱 가속화되고 있다. 다시 말하면 단순히 동창이거나 같은 지역 출신이라는 이유만으로 관계를 유지하던 시대에서, 이제는 취미나 가치, 관심사 등 실질적인 공통점을 기반으로 한 관계로 바뀌고 있는 것이다. 나는 이러한 현상이 바람직한가의 여부와는 상관없이 앞으로 더욱 가속화될 것이라고 믿는다. 친구 관계도 마찬가지다. 친구 관계 역시 같은 취미나 같은 분야에 관심이 있을 때 관계가 돈독해지고 지속 유지가 가능하다. 어릴 때부터 같이 자라온 동향 친구나 동창 혹은 오랜 친구 중에 그런 사람이 있다면 정말 행운이고 축복이다.

살아가면서 어떤 고민이라도 공유하고, 곁에 있다는 그 자체만으로 서로에게 위로와 위안이 되는 친구가 있다면 그 사람은 삶을 잘 산 사람이고, 축복받은 사람이다. 그러나 100세 시대에 그런 친구 관계나 우정을 지속해서 유지하기는 쉽지 않다. 그래서 더더욱 혼자서도 잘 놀고, 즐겁게 잘 살 수 있는 사람이 되어야 하는 것이다. 사람들 중에는 혼자 있어도 외롭지 않은 사람이 있는가 하면, 주위에 사람이 아무리 많아도 외로운 사람도 있다. 결국 중요한 건 친구의 유무나 숫자가 아니라, 자신만의 삶을 충실히 살아가며 건강한 관계를 만들어 가는 힘이다.

정년을 앞두고 요즘 나는 인간관계나 사회 참여를 조금씩 정리하고 단순화해 가고 있다. 예전에는 학회, 동창회, 교육계 등에서 많은 사람을 만나고 역할도 하며 인연을 맺었지만, 나이가 들어가면서는 꼭 만나고 싶은 사람, 만나야 할 사람 중심으로 조금씩 관계를 줄여가는 중이다. 물론 지금까지 관계를 형성해 온 사람들과의 만남이나 모임을 갑자기 중단할 수는 없어, 나름의 기준을 세워 참석하고 사람들을 만나다 보니 자연스럽게 모임의 수와 만남의 횟수도 줄어들었다. 엄밀히 말하면 관계를 정리해 간다기보다는 나이가 들면서 자연스럽게 모임이 줄고 만남이 줄어든다고 표현하는 것이 더 정확할 것이다. 물론 소중한 사람들과의 모임이나 인연은 잘 간직하고 이어가야겠지만, 내가 먼저 적극적으로 연락을 하지 않으니까 꼭 필요한 사람만 만나게 되고 그러다 보니 자연스럽게 약속이나 모임이 줄어든 것이다. 이런 변화는 무엇보다도 삶에 대한 생각의 변화도 있지만, 아롱이와 시간을 많이 보내면서 일상이 바뀐 탓도 있다.

예전에는 특별한 약속이 없어도 대학 연구실에서 책을 보거나 작업을 하면서 늦게까지 시간을 보내곤 했다. 하지만 아롱이가 우리 집에 온 이후로는 아롱이의 저녁 시간과 산책 시간을 맞추다 보니 자연스레 집에 있는 시간이 많아졌다. 요즘은 사람들과 함께 있는 것보다 아롱이와 같이 있는 시간이 더 많다. 여전히 사람들을 만나고 모임에도 나가고 함께하는 시간이 좋지만, 그럼에도 아롱이와 보내는 시간이 가장 편하고 행복하다.

아롱이는 언제나 나를 반긴다. 외출 후 집에 돌아올 때는 물론이고 자다가 화장실을 다녀오거나 분리수거를 하고 오는 짧은 순간에도 반가워한다. 차에 물건을 가지러 나갔다가 돌아와도 마찬가지다. 변함없이 나를 반겨주는 아롱이를 볼 때마다 '세상에 나를 이토록 한결같이 좋아해 주는 존재가 또 있을까?'라는 생각이 든다. 반려견을 좋아하고 사랑하는 이유는 사람마다 다르겠지만, 대부분은 아마도 조건 없이 자신을 좋아하고 따르며, 무엇보다도 반려견이 보여주는 꾸밈없고 순수한 관심과 사랑 때문일 것이다.

최근 동물학자들은 개와 주인 사이에도 특별한 호르몬이 작용한다고 말한다. 주인이 반려견을 바라보며 눈을 맞추고 쓰다듬고 산책을 시켜주면, 주인과 반려견 모두에게 '옥시토신'이라는 호르몬이 분비된다고 한다. 이 호르몬은 어머니가 어린아이의 눈을 볼 때, 어머니의 뇌에서 분출하여 어머니와 어린아이를 하나로 만드는 사랑의 묘약으로 알려진 호르몬인데, 이 사랑의 호르몬이 반려인과 반려견 사이에도 발생한다는 것이다.

사람 사이의 관계는 아무리 가까워도 어느 정도 이해관계(Give

and Take)에 기반해 있다. 인간관계에서 어느 정도까지는 내리사랑이나 대가 없는 무조건적인 사랑이 가능할지 몰라도, 무한정 아낌없이 일방적으로 주는 사랑의 관계는 성립하기 쉽지 않다. 부모의 사랑이 대가를 바라는 것은 아니지만, 자신에게 잘하는 자식이 더 예뻐 보이는 것은 어쩔 수 없다. 그것이 인간이고 인간의 본능이다. 그래서 사람들은 인간에게서 볼 수 없는 순도 100%의 순수한 사랑을 무한대로 주는 반려견을 좋아하는 것이다.

나도 그렇다. 사람과의 관계는 종종 시시비비나 이해관계가 개입되지만, 아롱이와의 경우는 다르다. 가끔 아롱이가 입질을 하거나 졸릴 때 으르렁거리기도 하지만, 나는 그런 행동조차도 문제 삼지 않는다. 왜냐하면 아롱이가 나를 진심으로 신뢰하고 따르며 좋아한다는 것을 알고 있기 때문이다. 그래서 데일 카네기(Dale Carnegie)는 인간관계의 본보기로 "계산하지 않고 조건 없이 온 정성을 다해 사람(주인)을 반기고 좋아하는 개에게 배워라."라고 말했는지도 모른다. 순도 100%인 아롱이의 사랑만큼은 못 하지만, 나는 아롱이를 순도 99% 이상의 사랑으로 대한다.

나는 아롱이에게서 순수한 사랑을 배운다. 이해관계나 그 어떤 조건도 없이 그저 나를 좋아하고 믿고 따르는 순도 100%의 사랑을. 할 수만 있다면 나도 만나는 모든 사람에게 아롱이가 나에게 하듯, 그렇게 대하고 싶다. 개처럼 진심으로, 따뜻하게 대하고 싶다.

아롱이의 견생은 행복할까?

    가끔 우리 아롱이는 오랜 시간 꼼짝도 하지 않은 채 창밖을 응시한다. 나는 그런 모습을 사진으로 찍어 학생들에게 보여주며 농담 반 진담 반으로 "아롱이는 철학 하는 아빠를 닮아서 지금 사색 중에 있다."라고 말한다. 또 아롱이가 예쁜 눈으로 나를 물끄러미 바라보고 있을 때면, 아롱이는 무슨 생각을 하고 있을까 궁금해진다. 이런 모습을 보면서 나는 '아롱이도 생각을 할까?', '생각을 한다면 어떤 생각을 할까?', '아롱이도 산다는 것을, 살아 있다는 것을 알고는 있을까?'라는 생각이 문득 들기도 한다. 동물들도, 그리고 아롱이도 고차원적인 사고는 아니더라도, 기본적인 생각이나 판단 정도는 할 수 있을지도 모른다.

    실존주의 철학자들은 자기 자신을 인식하는 존재는 오직 인간밖에 없다고 했다. 이들의 말을 굳이 언급하지 않더라도 우리는 일반적으로 동물이 자기 자신을 인식하지 못하는 존재라는 걸 알고 있다. 아롱이도 동물이기에 아마도 견생의 본질이나 의미에 대해서는 고민하지 않을 가능성이 많을 것이다.

하지만 이런 판단 자체가 인간 중심적인 사고의 산물일 수도 있다. 어쩌면 동물들도 인간이 전혀 예상하지 못한 방식으로 자신이나 다른 존재에 대해 어떤 생각이나 감정이 있을지도 모른다. 산불 속에서도 끝까지 새끼를 품고 있던 어미 개나 다친 형제 곁을 떠나지 않던 강아지, 차에 치여 순간적으로 정신을 잃은 친구를 도로에서 끌어내어 집 앞까지 데려다주는 떠돌이 개, 트럭에 치인 새끼 곁을 떠나지 못하던 코끼리에 관한 이야기를 들을 때마다 동물들도 자신과 가족, 타인의 존재에 대해서 나름의 방식으로 반응하고 판단하는 것은 아닐까 생각하게 된다. 이런 모습을 보면 동물이 사고하지 못한다고 단정적으로 말하기는 어렵다.

하지만 동물들이 생각이나 사고를 하든 하지 않든, 그것은 그들의 삶에 그다지 중요한 문제가 아닐 수도 있다. 중요한 것은 동물들은 현재를 충실하게 살아간다는 것이다. 나는 아롱이의 견생에 대해서 이런저런 생각을 많이 하지만 정작 아롱이는 아무 복잡한 생각 없이 지금, 이 순간을 즐기며 마냥 즐겁고 행복하게 살고 있을 수도 있다. 철학자 마크 롤랜즈(Mark Rowlands)는 『네 발의 철학자』에서 "나의 반려견 섀도는 가장 평범한 활동에서조차 진정한 행복을 느끼는 능력을 갖추고 있습니다."라고 말하며, 함께 사는 반려견을 보며 행복의 의미를 깨달았다고 했다. 이것은 사람은 너무 많은 생각을 하지만 개들은 현재에 충실하며, 지금의 삶이 곧 행복 자체임을 알고 있다는 것을 의미한다. 즉 개들은 과거나 미래에 집착하지 않고, 순간순간의 감정에 몰입하며 '지금 여기(Now and Here)'를 산다는 것이다. 이러한 현재성의 회복은 우리 인간의 삶에서도 정말 중요한 것으로, 철학자 니체를 비롯한 실존철학자들이 강조한 '지금, 이 순간을 즐기고 이 순간에 의미를 부여하라'는 삶의 태도와도 맞닿아 있다.

개는 인간처럼 소유를 중심으로 하는 삶이 아니라, 존재 중심의 삶을 산다. 이것은 우리 아롱이만 보아도 알 수 있다. 늘 먹는 사료와 작은 간식에도 기뻐하고, 매일 반복되는 짧은 산책에도 즐거워하며, 작은 사랑과 관심에도 무한히 행복해한다. 개는 주인의 능력이나 외모, 사회적 지위에 전혀 관심이 없다. 그저 주인을 전적으로 신뢰하고 사랑하며 따른다. 인간 중심적인 시각에서는 개를 단순히 본능에 따라 살아가는 존재로 생각할 수도 있다. 하지만 개는 자신에게 주어진 하루하루를 충실하게 살아간다. 다른 존재와 비교하지 않고, 자신의 상황을 있는 그대로 받아들이며, 주어진 모든 것에 만족하며 행복하게 살아간다.

인간은 자신이 존엄한 존재이고, 고차적 사고를 하는 우월한 존재이며, 어떤 존재보다도 의미 있는 삶을 살아간다고 자부한다. 요즘 인간과 동물 중에서 누가 더 잘 살고 있는 것인지, 누가 더 의미 있고 행복한 삶을 사는 것인지 모르겠다. 나는 행복한가, 아니면 아롱이가 더 행복한가? '배부른 돼지와 배고픈 소크라테스(Socrates)'

중 누가 더 행복한가? 사고하는 능력이 꼭 인간을 행복하게 만드는가? 어떻게 살아야 잘 사는 것인가?

나는 종종 아롱이를 애처롭게 생각하지만, 현실을 충실하게 사는 아롱이는 그저 행복한 견생을 살고 있을 수도 있다. 나는 아롱이가 복잡한 생각에 얽매이지 않고, 지금, 이 순간을 충분히 즐기고 만족하며 살아가기를 바란다. 설령 견생의 의미나 시간의 흐름, 엄마 아빠와의 관계 그리고 그 밖의 일들에 대해서 별생각이 없더라도, 매일매일의 삶이 즐겁고 행복했으면 좋겠다. 삶의 의미를 다 안다고 해서 반드시 행복한 것도 아니다. 어쩌면 아롱이처럼 하루하루의 삶을 충실히 살아가는 것이 행복한 인생, 행복한 견생일 수 있다. 릴케(Rilke)가 「인생을 꼭 이해할 필요는 없다」라는 시를 쓴 이유도 아롱이처럼 혹은 아이들처럼 그저 매 순간을 온전히 살아가며 행복을 느끼는 삶을 동경했기 때문일 것이다.

인생을 꼭 이해할 필요는 없다

라이너 마리아 릴케

인생을 꼭 이해할 필요는 없다

인생은 축제와 같은 것

하루하루를 일어나는 그대로 맞이하라

바람이 불 때 흩어지는 꽃잎을 줍는 아이들은

그 꽃잎을 모아둘 생각을 하지 않는다

꽃잎을 줍는 순간을 즐기고

그 순간에 만족할 뿐

짖는 데는 이유가 있다

요즘 아파트에서는 층간 소음으로 인해 이웃 간 갈등이 생기는 경우가 종종 있다. 사실 늦은 밤뿐만 아니라 낮에 잠시 쉬고 싶을 때도 아래층이나 위층 어디선가 소음이 들리면 신경이 많이 쓰인다. 또 컨디션이 좋지 않거나 예민한 날에는 짜증이 나기도 한다. 특히 조용하게 어떤 일을 해야 할 때 소음이 들리면 여간 신경 쓰이는 것이 아니다.

한동안 코로나19로 인해 집에서 강의 녹화를 하거나 온라인 수업을 하는 일이 많았다. 연구실에서 해도 되지만, 연구실에서는 외부 소음이 방해되거나 내 목소리가 밖으로 새어 나가는 것이 신경 쓰였다. 게다가 접속자가 많아 온라인 수업 도중에 연결이 끊어지는 등의 문제도 있어서 집에서 온라인으로 수업을 하거나 강의 녹화를 하는 경우가 많았다. 이럴 때 위층이나 아래층에서 소음이 들리면 그 자체도 문제지만, 그 소리 때문에 아롱이가 짖어 수업이나 강의 녹화를 중단해야 하는 경우가 있어 곤란한 상황이 종종 발생하기도 했다. 물론 나중에는 그런 상황에서 학생들에게 양해를 구하고, 아롱이를 화면에 잠깐 등장시켜 강의를 잠시 쉬어가기도 했다.

자랑 같지만, 우리 아롱이는 점잖은 편이라 그리 많이 짖지 않는다. 집 안에서도, 밖에서도 다른 사람이나 강아지를 보고 짖는 일이 드물다. 물론 다른 강아지가 먼저 짖거나 가끔 마음에 맞지 않는 강아지가 있으면 으르렁거릴 때도 있다. 그런데 이런 아롱이가 요즘 집 안에서 이전보다 많이 짖는다. 예전에는 초인종이 울릴 때만 짖었지만, 요즘은 위층이나 아래층에서 들리는 소음에도 짖고, 건너편 동에서 개 짖는 소리가 들려도 반응한다. 확실히 예전보다 짖는 횟수가 늘었다.

아롱이가 짖으면 이웃집에 그 소리가 들릴까 봐 짖지 말라고 아롱이를 부른다.

"아롱아."
"아롱이, 왜 그래?"
"아롱아, 짖지 마."
"아롱이, 혼날래?"

아롱이를 향한 내 목소리가 커져가지만, 아롱이는 아랑곳하지 않고 계속 짖는다. 그러다 내가 큰 소리로 꾸짖으면 눈치를 보며 짖는 것을 멈추거나 때로는 입안에서만 나는 작은 소리로 웅얼웅얼거리며 집 안을 돌아다니기도 한다. 아롱이가 짖으면 이웃집에 민폐가 되는 것 같아, 우리도 이웃집의 소음에는 좀 관대하고 여유롭게 대한다. 특히 윗집에서 할머니 부부가 손주를 돌보는 저녁 6시에서 8시 사이는 정말 참기 어려울 정도로 쿵쾅거리지만, 요즘 아이를 낳아 키우는 집이 많지도 않고 가끔 짖는 아롱이를 생각해서 가능하면 참고 이해하려고 한다.

그러던 어느 날, 건너편 아파트에서 강아지가 짖자 아롱이가 따라 짖었고, 나는 무심코 아롱이를 꾸짖었다. 그런데 문득 이런 생각이 들었다. 우리가 말을 하듯이 아롱이가 친구와 대화하는 것일 수도 있는데 아롱이에게 짖는다고 꾸중하는 게 맞는가?

일반적으로 개는 사람보다 청각이 16배 이상 발달해 있다고 한다. 따라서 우리가 집 안에서 잘 듣지 못하는 조그만 소리에도 민감하게 반응하여 짖는 것이다. 아롱이가 현관 밖이나 외부에서 들리는 소리에 대응하여 짖는 것은 우리 집을 지키고, 엄마 아빠를 보호하려고 짖는 것일 수도 있다. 어쩌면 아롱이가 짖는 것은 자신이 할 일을 하는 것인데, 나는 사람의 일반적인 기준과 판단으로 짖지 말라고 꾸중하고 있는 것이다. 아롱이의 자기표현 자유와 권리를 제한하는 것은 아닐까? 실제로 아롱이가 현관을 향해서 짖는 경우의 대부분을 확인해 보면 이웃집 문 여닫는 소리나 사람들의 대화 소리, 택배가 도착했을 때 등 충분히 짖을 이유가 있는 경우였다. 그래서 요즘은 아롱이가 현관 밖을 향해서 짖으면 아롱이를 데리고 가서 중문이나 현관문을 열어서 아무런 일이 없다는 것을 확인시켜 준다.

"아롱아, 봤지? 아무도 없잖아. 괜찮아."

이렇게 확인을 시켜주면 아롱이는 짖는 것을 멈추고 아무 일 없다는 듯 돌아선다. 다만 좀 웃기는 것은 아롱이는 밖을 향해 짖어놓고 현관문을 향해 가자고 하면 절대로 먼저 가지 않고 아빠를 앞장서게 하거나 가다가 멈추어 서서는 내가 가서 확인하게 한다. 그럴 때마다 아롱이에게 "야, 인마. 아롱아, 너 비겁하다." 하고 놀린다.

요즘은 아파트 같은 공동주택에서 사는 사람들이 많다. 따라서 다른 사람들을 생각해야 하고 배려해야 하므로 무조건 짖게 내버려둘 수는 없다. 하지만 개가 짖는 건 본능이고, 자신의 역할을 다하기 위한 의무인데 짖는다고 무조건 꾸중하는 것은 옳지 않다는 생각이 든다. 앞으로 아롱이가 짖으면 되도록 짖는 이유를 찾아보고, 좀 귀찮고 번거롭더라도 짖는 이유를 확인시켜 줄 것이다. 물론 나도 피곤하거나 바쁠 때는 마음의 여유가 없을 수도 있다. 아롱이도 상황을 좀 더 잘 파악하고, 가려서 짖으면 좋겠다.

"아롱아, 앞으로 아빠가 돈 많이 벌어서 아롱이가 마음껏 짖을 수 있는 집으로 이사할게. 그때까지만 조금만 참아줘. 알았지?"

금붕어를
어떻게 살릴까?

우리 아파트 연못에 살고 있는 금붕어의 개체수가 점점 늘어났다. 아롱이와 함께 산책할 때마다 들르곤 했는데, 어느 날 보니 금붕어 숫자가 너무 많아진 것 같아 걱정이 되었다. 그런데 얼마 후 가보니 금붕어 숫자가 전체의 3분의 1 정도밖에 되지 않을 정도로 확 줄어 있었다. 가장 몸집이 큰 황금색 금붕어와 빨간색 금붕어 두 마리는 여전히 있었지만, 중간 크기의 금붕어들이 거의 보이지 않았다. 3일 후쯤 되었을 때 이번에는 두 번째로 큰 빨간색 금붕어가 보이지 않았다. 경비실에 물어보니 고양이인지 족제비인지 산에서 내려온 어떤 짐승이 잡아먹었다고 했다. 결국 또 사달이 난 것이다. 아롱이와 돌아오면서 어떻게 해야 할지 생각해 보았지만, 뾰족한 방법이 떠오르지 않았다.

며칠 후, 연못을 다시 찾았을 때 연못 깊은 쪽에서는 금붕어들이 헤엄쳐 다니고 있었다. 하지만 얕은 쪽에는 물이 거의 없어서 많은 치어가 조금 고인 물속에서 겨우 움직이고 있었고, 더러는 진흙 속에 옆으로 드러누워 숨을 헐떡이고 있었다. 놀라서 경비실에 물었더니 얕은 곳에 있는 금붕어들이 포식자들에게 쉽게 노출되기 때문에 그쪽에는 물을 일부러 빼놓았다고 했다. 금붕어들을 보호하려는 조치였지만, 정작 치어들은 미처 빠져나오지 못해 죽거나 포식자의 쉬운 먹잇감이 되는 상황이었다. 특히 얕은 쪽의 물에서 겨우 움직이고 있는 작은 치어들이 너무 안쓰러웠다. 급히 경비실 문을 두드리고 상황을 설명하고 물을 다시 채워달라고 요청했다. 하지만 주말이었고 관리사무실에 허락을 받아야 한다면서, 즉각적인 조치는 어렵다고 했다. 내가 책임지겠다고 말하며 물을 넣어달라고 강하게 요청했다.

주말 동안 계속 고민한 끝에 연못에 물을 충분히 채우고, 그 이후에는 생태계의 순환에 맡기는 것이 가장 바람직하다는 결론을 내렸다. 인위적으로 수위를 조절하는 것은 얕은 곳의 물고기들에게는 오히려 더 큰 피해를 줄 수 있고, 연못 속 생태계 전반에 혼란을 줄 수 있다고 판단했다. 이런 일을 처리할 때 물고기들의 생명과 안전을 고려하여 좀 더 신중하게 판단하고 방법을 찾았으면 더 좋지 않았을까 하는 생각이 들어 아쉬웠다. 물론 관리사무실에서는 어떻게 하면 금붕어를 보호할 수 있을까 하고 고민하다가 물을 빼는 것이 최선의 방법이라고 생각했을 수 있다.

사실 이전에도 이와 비슷한 경우가 있었다. 연못가에 자라던 나못가지가 물속에 잠겨 있는 것을 보고 일부만 정리하면 좋겠다고 했더니, 아예 나무 전체를 베어버려 물고기들이 쉬거나 숨을 수 있는 나무 그늘까지 모두 사라져서 황당했던 기억이 있다. 또 연못 속에 수초가 너무 빽빽해 금붕어들이 헤엄쳐 다니기가 어려울 것 같아 적당하게 좀 베어냈으면 좋겠다고 했는데, 그때도 수초를 아예 다 베어내 버려 물고기들이 숨어서 쉴 수 있는 공간마저 없어진 일이 있었다.

결국 나는 연못의 수위는 일정하게 유지하고, 물풀도 적당히 자라도록 하여 금붕어들이 자연스럽게 헤엄치며 외부의 시선으로부터도 어느 정도 보호받을 수 있는 환경이 가장 좋겠다는 생각이 들었다. 다음 날, 관리사무실에 들러서 소장님께 그동안의 수고에 감사하다는 말씀을 드리고 그간의 상황을 설명한 뒤 연못 관리에 대한 의견을 말씀드렸다. 이런 사소한 일에 너무 나서는 것 아니냐는 시선을 받을까 망설이기도 했고, 자연이나 환경을 위해 나 자신도 완벽하게 실천하고 있지 않으면서 괜히 나서고 있는 건 아닐까 고민도 되었다. 그러나 이왕 시작한 일이니까 이번 일까지는 마무리하는 것이 좋겠다고 판단했다.

우여곡절을 겪고 난 이후 우리 아파트 연못은 지금까지 평온을 유지하고 있다. 연못 속의 금붕어 개체수도 적당한 것 같고 물도 충분해서 금붕어들이 한가롭게 노닐고 있다. 덕분에 연못을 들릴 때마다 기분이 좋다. 아롱이도 내 마음을 아는지 산책하러 나갈 때면 연못 쪽으로 앞장서서 이끈다.

웃프다,
아롱아

 언제부턴가 찬물을 마시면 이가 조금씩 시리기 시작하더니, 며칠 전부터는 이가 솟아오르는 듯한 불편한 느낌까지 들었다. 다른 사람들은 이미 다 겪고 지나간 코로나를 11월 초에야 앓았던 탓인지, 요즘 들어 컨디션도 좋지 않고 기분도 살짝 우울했다. 코로나 후유증이라고 생각했지만, 평소에는 조금 시큰거리던 어금니가 어제 점심때부터 본격적으로 아프기 시작했다. 교회에서 예배를 드리고 근처 식당에서 점심을 먹고 있는데, 음식을 먹을 수 없을 정도로 아팠다. 결국 밥을 제대로 먹지도 못하고 나와서 약국에 들러 약을 산 후 집으로 왔다.
 집에 온 이후부터는 이가 본격적으로 아프기 시작했다. 그동안 이를 잘 관리한 덕분인지, 아니면 기억력이 감퇴한 탓인지 몰라도 이렇게 심하게 아팠던 기억이 거의 없었다. 흔히들 이 아픈 건 정말 참기 어렵다고 했는데, 말조차 할 수 없을 정도로 통증이 심했다. 이러다가 쇼크가 오는 것은 아닐까 하는 생각이 들 정도였다. 윗니가 아픈지 아랫니가 아픈지도 구분이 되지 않을 정도로 이 전체가 욱신거렸고, 머리는 띵하고 정신은 아득해졌다. 약국에서 산 약에 진통제까지 먹고 한두 시간 자고 났더니 그나마 조금 나은듯했다.

시간이 좀 지난 후에 통증이 조금은 가신듯해서 책상에 앉아 다시 하던 작업을 하기 시작했다. 그러다 갈증이 나서 물을 마셨더니 또다시 치통이 심하게 몰려왔다. 정말로 머리가 깨지는 듯해서 일그러진 표정으로 침대 쪽을 쳐다보았는데, 마침 아롱이가 침대에 앉아서 나를 쳐다보고 있었다. 아롱이의 표정을 보니 아롱이도 아빠의 고통을 알겠다는 듯 걱정스러운 눈빛으로 쳐다보고 있었다. 그 아픈 중에도 아롱이가 내 고통을 알아주는 것 같아 살짝 위안이 되었다. 역시 우리 아롱이가 이 세상 누구보다도 아빠를 잘 이해하고 공감해 주는 것처럼 여겨졌기 때문이다.

다음 날 아침에도 치통은 계속되었다. 아침에 일어나서 늘 하듯이 물을 마셨는데, 또다시 참기 어려울 정도로 아팠다. 고통스러워 바닥을 뒹굴고 싶은 심정이었다. 마침 햇빛이 잘 드는 거실 바닥에 아롱이가 엎드려 있기에 고통스러운 표정을 지으면서 아롱이 옆으로 쓰러졌다. 가끔 장난으로 쓰러지면 아롱이가 어떤 반응을 보일지 궁금해서 쓰러지는 흉내를 내곤 했는데, 오늘은 정말로 아파서 고통스러운 표정을 지으며 쓰러졌다. 아롱이 앞에 쓰러지면서 아롱이가 어제처럼 걱정하는 표정으로 쳐다봐 주기를 기대했다. 쓰러진 후에 아롱이의 반응이 궁금해서 옆으로 살짝 쳐다보았더니, 아롱이는 나와 눈을 마주친 후 어디론가 달려가 장난감 '꼬끼'를 물고 와서는 내 앞에 툭 떨어뜨렸다. 그러고는 놀아달라는 듯이 그 자리에 앉아 나를 바라보며 기다렸다. 아롱이는 내가 평소처럼 장난으로 쓰러졌다고 생각했는지 아니면 표정만으로는 아픈 것을 전혀 눈치채지 못했는지는 잘 모르겠지만, 너무 아팠던 나는 어이가 없기도 하고 우습기도 했다. 그리고 속으로 내가 너무 큰 기대를 했나 하는 생각이 들면서 역시 아롱이는 '사람'이 아니고 '개'구나 하는 생각이 들었다.

예전에 교육대학원 유아교육 전공 수업 시간에 아롱이의 눈치와 행동을 이야기하면서 아롱이는 3~4세 정도 아이들의 지능이나 공감 수준이 된다고 하니까, 교육대학원 선생님들이 그런 행동은 1~2세 정도라고 했다. 그래서 사진을 보여주며 눈치가 백단이라는 등 여러 가지 사례를 들어 설명하고, 결정적으로는 아롱이가 철학 하는 아빠를 닮아 사색도 한다며 사색하는 모습이 담긴 사진까지 보여주었다. 그랬더니 선생님들이 1~2세 유아들이 사색은 못 한다며 아롱이의 지능을 3~4세로 인정해 주었다. 사실 인정해 주었다기보다는 팔불출인 내가 강요했다는 것이 더 맞을 것이다. 그런데 오늘 우리 아롱이의 행동을 보면서 아롱이는 1~2세 정도 유아의 지능이나 공감 수준이 맞다는 것을 확실하게 알게 됐다. 다음 수업 시간에는 선생님들의 판단처럼 우리 아롱이의 지능·공감 수준이 1~2세 정도가 맞다는 것을 고백해야겠다.

치통으로 하루 종일 힘들었지만, 그나마 웃픈 아롱이의 행동 때문에 위안이 되었다. 책상에 앉아서 작업을 하다가 잠시 아롱이를 쳐다보고 "아롱아." 하고 부르자, 엎드려 자고 있던 아롱이는 잠결에 고개를 들고 실눈으로 살짝 쳐다보더니 이내 다시 자기 시작했다. 자는 아롱이를 보며 속으로 말했다.

'아롱아, 푹 자. 잠 잘 자고 잘 먹고, 그리고 양치도 매일매일 잘하자. 아롱이는 이빨이 아프면 아프다고 말도 못 하니까 아빠가 알 수가 없어. 그러니까 이빨이 아프지 않도록 양치를 매일 잘해야 돼. 알았지?'

조금 있다가 아롱이가 잠에서 깨어나면 오늘은 이빨을 더 깨끗하게 닦아주어야겠다.

아롱아, 말 좀 해봐

아롱이와 나는 함께 있는 시간이 많다. 많다기보다는 내가 집에 있는 경우에 아롱이는 거의 내 옆에 붙어 있다. 집에 있을 때도 산책하러 갈 때도 아롱이는 늘 내 옆에 있다. 아롱이와 같이 있으면 나는 아롱이와 많은 대화를 한다. 산책을 할 때도 수시로 아롱이에게 말을 건넨다. "아롱아, 이리 갈까? 저리 갈까?" 하고 묻기도 하고, "아롱이는 왜 이렇게 예쁘노?" 하고 말하기도 한다. 물론 아롱이도 나에게 '월월'거리기도 하고 짖지 말라고 하면 웅얼거리기도 하며, 길을 가다가는 멈춰 서서 어디로 갈지, 가도 되는지 쳐다보며 나름의 의사 표현을 한다. 하지만, 나는 아롱이 말을 다 알아듣지 못한다. 어쩌면 아롱이는 나에게 무수히 많은 말들을 하고 있는데, 내가 알아듣지 못해서 그냥 흘려보내는 것은 아닐까 싶어 미안해질 때가 있다.

종종 아롱이가 말을 했으면 좋겠다고 생각을 한다. 특히 물그릇에 물이 떨어졌는데도 모르고 있다가 물을 주면 허겁지겁 마실 때나, 산책할 때 똥이 마려워 걷지 않으려고 하는 것도 모르고 다그친 뒤에 급하게 똥을 누는 모습을 볼 때이다. 또 택배가 도착해 짖었는데 혼내고 나서야 아차 싶어 문 앞에 놓인 택배를 확인할 때 마음이 짠하다. 그럴 때마다 알아듣지 못한 것이 정말 미안하고 안타깝다. 그래서 아롱이가 알아듣는지 모르지만 "아롱아, 미안." 하고 말한다. 또 아롱이도 몸이 아플 때가 있을 것인데 말을 못 하니 알 수가 없다. 아니, 어쩌면 아롱이는 몸짓이나 표정으로 표현하고 있는데 내가 알아채지 못하는 것일지도 모른다. 종종 장난감이 소파 밑으로 들어간 후에 한참이나 하염없이 그곳을 바라보고 있었다는 것을 알았을 때도 너무너무 미안하다.

산책 역시 마찬가지다. 가끔은 아롱이도 몸 컨디션이 좋지 않아 산책을 하고 싶지 않은 때도 있을 텐데 말을 못 하고, 말을 해도 내가 알아듣지 못한다. 아롱이에게 산책이 좋을 것이라는 내 판단만으로 아롱이를 데리고 나가는 것이 아닌가 하는 생각이 들 때도 있다. 몹시 춥거나 더운 날엔 특히 고민이 된다. 자유주의자인 우리 아롱이는 옷 입는 것을 그다지 좋아하지 않아서 산책을 가자고 하면 방으로 도망갈 때도 있다. 이럴 때 아롱이가 정말 산책을 싫어하는 것은 아닐까 하는 생각이 들기도 한다. 특히 더운 여름날, 산책을 하는 중에 혀를 빼물고 헉헉거릴 때의 아롱이를 보면 더욱 그런 생각이 든다. 지열이 올라오는 땅바닥에 붙어서 걷는 아롱이가 너무 덥지는 않은지 정말 걱정이 된다. 이런 때 아롱이가 '아빠, 너무 더워. 다음에 산책하자'라고 한마디만 해줬으면 정말 좋겠다.

더운 여름에 잠을 잘 때도 마찬가지다. 더워서 에어컨을 틀어주고는 자는 동안 너무 춥지 않을까 싶어서 얇은 옷을 덮어주기도 한다. 겨울에는 거실에서 웅크리고 자고 있는 아롱이가 안쓰러워 또 옷을 덮어주기도 하지만 아롱이가 실제로 더운지, 추운지를 모르니까 답답할 때가 많다. 더운 여름에 부모가 아기를 재울 때 부채질을 하면서도 이불을 덮어주는 마음과 똑같다.

그래도 우리 아롱이는 제법 많은 말을 알아듣는다. 특히 '엄마', '아빠', '산책', '빠빠(밥)', '간식', '고기', '생태공원', '가자', '놀자', '목욕', '양치', '병원', '미용', '빗자', '예쁘다', '뽀뽀' 등 아롱이가 좋아하거나 싫어하는 일과 관계되는 말은 귀신같이 알아듣는다. 그런데 정작 나는 아롱이의 말을 거의 알아듣지 못한다. 분명 아롱이도 하고 싶은 말이 많을 텐데, 내가 무뎌서 듣지 못하는 것이다.

사람들은 동물이 사람 말을 알아듣지 못한다고 말한다. 그런데 이것은 사람의 입장에서, 인간의 언어를 기준으로 판단하기 때문일 수도 있다. 어쩌면 동물들은 하루 종일 자신만의 언어로 우리에게 끊임없이 말을 걸고 있는데, 우리가 그것을 알아듣지 못하는 것일 수도 있다. 아롱이 입장에서는 아빠가 아롱이의 말을 알아듣지 못해 오히려 무척 답답하게 느낄 수도 있다.

아롱이와 8년째 같이 살다 보니 요즘은 아롱이가 행동으로 표현하는 것을 조금은 이해하고 알아챈다. 놀아달라는 눈빛, 간식 달라는 몸짓, 만져달라는 행동 같은 건 어느 정도 이해하게 되었다. 최근 TV 프로그램 「동물은 훌륭하다」에서 직박구리와 소통하는 사람을 본 적이 있다. 6년간 야생 직박구리에게 모이를 챙겨주는 등 온갖 정성으로 보살핀 결과 이름을 부르면 손에 와서 앉기도 하고, 챙겨주는 사람의 집까지 알고 따라오며 교감하는 것을 보았다. 그것은 결국 오랫동안 정성과 노력을 기울인 결과일 것이다.

나도 아롱이에게 좀 더 관심을 가지고 챙기며 세심하게 관찰하면 언젠가 아롱이의 말을 알아듣는 때가 올지도 모르겠다. 그러면 우리 아롱이를 좀 더 행복하게 해줄 수 있을 것이다. 아니면 하루 빨리 동물의 말을 해석하는 AI가 개발되어 동물들의 말을 해석해주고, 사람들의 말을 동물들에게 전달해 줄 수 있는 시대가 왔으면 좋겠다. 그러면 아롱이를 좀 더 잘 챙길 수 있을 테니까.

그렇지만 살짝 걱정되는 것도 있다. 지금도 졸졸 따라다니면서 아빠 행동에 사사건건 간섭하는 아롱이가 말까지 하게 되면, 잔소리가 아주 심해질 수도 있고 아빠와 아롱이만 알고 있는 비밀을 엄마나 다른 사람한테 모두 말할 수도 있기 때문이다. 어쩌면 지금처럼 아롱이가 좋아하는 말만 적당한 수준에서 알아듣고, 아롱이의 행동이나 표정을 통해 원하는 것을 어느 정도 이해하는 지금의 소통 방식이 나를 위해서, 그리고 아롱이를 위해서도 더 좋을 수도 있다.

그리고 진정한 깐부 사이라면, 꼭 말이 필요하진 않잖아?

누가 더 행복할까?

우리 동네에는 자유롭게 돌아다니는 개가 한 마리 있다. 우리 집에서는 그 녀석을 '토미'라고 부른다. 토미는 영혼이 자유로운 개처럼 보인다. 토미가 떠돌이 개라고 생각되지 않는 것은 털이 삐죽삐죽하고 입 주위에 흙이 묻어 있긴 해도, 목줄을 하고 있고 몸통의 털이 비교적 깨끗하기 때문이다. 들리는 말로는 주인이 있긴 한데, 그냥 밖에서 나가 놀도록 자유롭게 키운다고 한다. 어쨌든 토미는 우리 동네 이곳저곳을 누비고 다닌다.

그런데 토미는 그냥 어슬렁거리며 한가롭게 돌아다니는 것이 아니라 늘 혼자 바쁘게 다닌다. 그야말로 '직진남'이다. 그 모습을 본 아내는 "자존심이 있어서 늘 바쁜척하며 다니는 거 아닐까?"라고 이야기했다. 나는 그렇게까지는 생각하지 않지만 돌이켜 보면 토미를 만났을 때, 늘 바쁘게 종종거리면서 급하게 어딘가를 향해 가고 있는 모습만 보았던 것 같다. 토미는 신기하게도 길을 건널 때는 주로 횡단보도를 이용한다. 그래도 찻길을 지나다니는 토미의 안전이 염려되고, 지나가는 사람이나 아이들에게 위협이 되지는 않을지 걱정이 되기도 한다.

가끔 아롱이와 산책을 하고 있으면 토미가 우리 아롱이의 미모에 반해서인지 곁으로 다가오거나 뒤를 따라오기도 한다. 그럴 때마다 아롱이와 좀 놀게 해줄까 싶다가도 예방접종 여부가 걱정되어 큰 소리로 "저리 가!" 하고 쫓아낸다. 그래도 토미는 겁도 내지 않고, 꿋꿋이 따라오다가 더 큰 소리로 겁을 주면 마지못해 멈춰서서 한동안 바라보고 있다가 다른 곳으로 간다. 그럴 때마다 살짝 미안한 마음이 든다. 멀어져 가는 토미를 보면 '저렇게 사는 것도 나쁘지는 않겠다' 하는 생각이 든다. 토미는 어쩌면 이 동네에서 가장 자유롭고 행복한 개일 수도 있다.

우리 아파트 옆에는 재개발을 앞둔 신축 예정 부지가 있다. 보상을 받은 주민들이 모두 이사를 하고 빈집만 남아 있는 그곳에 언제부턴가 주황 색깔의 개 한 마리가 보이기 시작했다. 아마 누군가 이사를 하면서 버리고 간 것 같았다. 그 개는 어린 시절 흔히 보았던 누렁이와 비슷했다. 우리는 어린 시절 그런 개를 '똥개' 또는 '잡종'이라고 했다. 요즘은 누렁이처럼 품종이 분명하지 않은 개를 '믹스견' 혹은 '시고르자브종(시골의 잡종)'이라고도 부른다. 옛날 똥개나 잡종이라고 불렀던 것에 비하면 나아진 표현이긴 하지만, 우리 인간이 개까지도 품종의 유무에 따라 차별하는 것 같아 미안한 생각이 든다.

그 누렁이는 차도 옆에서 어슬렁거리기도 하고, 길가에 앉아서 지나가는 사람들을 물끄러미 쳐다보기도 한다. 어느 날, 비를 맞고 돌아다니는 누렁이를 본 뒤 그 모습이 마음에 걸려 다음 날 예전에 사용하던 아롱이의 밥그릇과 물그릇 그리고 사료와 물, 개껌을 챙겨 누렁이를 보았던 곳에 갔다. 그런데 누렁이는 보이지 않고, 대신 길 위쪽에는 개집과 밥그릇 그리고 물그릇이 놓여 있었다. 다행히 누군가 챙겨주고 있었던 것이다. 가지고 간 사료와 물을 그릇에 담아주고 오면서, 재건축이 시작되면 누렁이와 이 근처를 떠도는 길냥이들이 이곳에서 언제까지 살 수 있을지 염려가 되기도 했다.

아마도 누렁이가 혈통 있는 개였다면 주인이 데리고 가지 않았을까 하는 생각이 들어 측은하게 느껴졌다. 누렁이는 자기를 버리고 간 주인을 어떻게 생각할까? 그리워할까? 미워할까? 그것도 아니면 그냥 아무 생각 없이 그저 하루하루를 살아가고 있을까? 품종에 따라 개를 차별하는 인간이 과연 개보다 더 나은 존재인지 의문이 들었다.

아롱이와 산책을 자주 가는 아파트 뒤쪽 어린이공원에도 길냥이들이 살고 있다. 그런데 요즘 들어 예전에는 많이 보이던 길냥이들이 눈에 띄지 않았다. '혹시 지난겨울이 너무 추워서 얼어 죽은 건 아닐까?' 하고 살짝 걱정이 되었다. 그런데 오늘 산책을 하다 보니 어린이공원 담벼락 근처에서 검은 길냥이 한 마리가 얼쩡거리고 있었다. 그 모습을 보니 모두 어디에선가 추운 겨울을 무사히 잘 견뎠을 것 같아 안도감이 들었다.

누렁이와 길냥이는 자신의 삶에 대해서 어떻게 생각할까? 나는 인간이기에 인간의 입장에서 그들을 걱정하고 염려한다. 하지만 사실 그들은 사람처럼 다른 존재나 상황을 인식하지 못하기에, 어쩌면 아무 생각 없이 하루하루 주어진 자신의 삶을 그저 살아가는지도 모른다.

길거리에서 가고 싶은 곳을 마음대로 자유롭게 돌아다니지만, 잘 곳과 먹을 것을 스스로 해결해야 하고 온갖 위험을 감수해야 하는 떠돌이 누렁이와 길냥이. 반면에 아빠와 함께 살면서 먹고 자는 걱정 없이 편안하게 살고 있지만 자신이 가고 싶은 곳, 먹고 싶은 것을 마음대로 선택할 자유가 없는 아롱이. 과연 누가 더 행복할까? 떠돌이 개와 반려견, 길냥이와 반려묘 중 누가 더 나은 삶을 사는 걸까?

이 질문은 사람에게도 해당할 것이다. 배부른 돼지가 행복할까? 아니면 배고픈 소크라테스가 행복할까? 평생을 거지처럼 길거리 통나무집 속에서 잠을 자며 자신의 철학대로 자유롭게 산 디오게네스(Diogenes)가 행복할까? 아니면 그에게 배움을 청하러 왔던 위대한 정복자 알렉산더(Alexander) 대왕이 행복할까? 어떤 것이 더 좋은지 무엇이 더 가치 있는지는 각자의 몫이다. 떠돌이 개들도 길냥이들도 어렵고 힘든 점이 많겠지만, 자신이 살고 싶은 대로 살 수 있는 자유를 가졌다는 측면에서 행복할 수 있겠다는 생각이 들었다. 분명한 것은 사람과 동물에게 안정된 환경과 물질적 풍요 혹은 충분한 먹을 것이 중요하기는 하지만, 그것만이 반드시 행복의 절대적인 조건은 아니라는 것이다.

떠돌이 개들과 길냥이들도 각자의 방식으로 행복할 수 있다. 물론 아빠와 같이 사는 우리 아롱이는 더더더 행복했으면 좋겠다.

개는 좋겠다

"개 팔자가 상팔자."라는 말이 있다. 아롱이를 키우기 전에는 그 말을 이해하지 못했다. 그런데 아롱이를 키우면서 개 팔자가 정말 상팔자라는 것을 확실히 알게 됐다. 아롱이를 보면서 가끔 '집에서 사람과 함께 사는 개가 행복할까? 아니면 사람이 행복할까? 아롱이가 행복할까, 내가 행복할까'라는 궁금증이 생기기도 한다.

우리 아롱이를 보면 확실히 반려견은 상팔자가 맞다. 우선 사람과 함께 사는 개는 특별히 일을 하지 않아도 된다. 주인이 먹을 것, 입을 것을 알아서 다 챙겨주고 대소변을 봐도 주인이 알아서 다 처리해 준다. 재롱이나 애교를 조금 부리면 주인이 너무 예뻐하며 맛있는 간식도 준다. 때맞춰 산책과 운동도 시켜주며 산책 후에 목욕도 시켜주고 털도 말려준 후 착하다고 또 간식을 준다. 저녁에는 양치질도 해주고 양치했다고 간식도 준다. 아프면 병원도 데려가 주고, 예방주사나 약도 알아서 다 챙겨서 먹여준다. 엄마 아빠가 모두 외출할 때 혼자 두는 것이 안쓰러워 간식을 주고 나가기도 한다. 모두가 외출하고 나면 아무에게도 간섭받지 않고 그냥 쉬면서 잠만 자도 된다. 이렇게 쉬고 있다가 엄마 아빠가 돌아올 때 꼬리를 흔들면서 반겨주기만 하면 칭찬을 받는다. 사람들이 반려견을 가족처럼 생각하고 잘해주니까 집에 사는 반려견들은 적당하게 애교만 부리고 재롱만 부리면 주인이 모든 걸 다 해결해 준다. 이 얼마나 편한 삶인가. 그야말로 상팔자다.

그리고 무엇보다도 아이들이 하기 싫어하는 공부를 안 해도 되고 어른이 되면 출근해서 일도 해야 하는데, 개는 성견이 되어도 출근도, 일도 안 해도 된다. 옛날에는 사람이 사는 집을 지키고 경계하는 일이라도 있었지만, 요즘 도시에 사는 반려견들은 그런 임무도 없다. 그야말로 놀고 먹고 자는 것이 일이다. 사람들이 이런 견생을 안다면 아마 대부분 다음 생에서는 개로 태어나고 싶어 할 것이다. 특히 하기 싫은 공부를 억지로 해야 하는 이 땅의 아이들은 반려견의 삶이 정말 부러울 것이다.

그런데도 인간이 개로 태어나지 않고 사람으로 태어난 것을 감사하는 것은 무엇 때문일까? 사람에 따라서는 견생을 부러워할 수도 있지만 대부분의 사람은 개로 태어나지 않고 사람으로 태어난 것을 더 감사하게 여긴다. 그 이유는 아마도 개가 자신의 견생을 스스로 계획하고 결정할 수 없는 반면, 인간은 부득이한 경우를 제외하고는 자신의 삶을 스스로 계획하고 결정하며 살아갈 수 있기 때문이다. 물론 인간이라고 자신의 삶을 자기 뜻대로만 살아갈 수는 없지만, 그래도 대부분 삶의 매 순간을 자신이 선택하고 결정하며 주체적으로 살아갈 수 있다. 인간은 자기 자신이 모든 것을 매 순간 선택하고 결정하며, 그 선택에 대한 책임을 자신이 지고 살아가기 때문에 자신의 삶에 의미를 부여한다.

반면 반려견은 주인의 결정에 따라 살아간다. 먹고 자는 일 외에는 거의 모든 선택권이 없다. 사료가 맛없다고 해서 스스로 바꿀 수도 없고, 산책하러 가기 싫어도 말을 못 하니까 주인을 따라나설 수밖에 없다. 또 밖에 나가고 싶을 때 스스로 나갈 수도 없고, 짖고 싶을 때 마음대로 짖을 수도 없다. 결정적으로 주인이 마음에 들지 않아도 주인을 마음대로 바꿀 수가 없다. 인간은 삶을 주체적으로 살아갈 수 있는 존재이지만, 반려견은 자신의 운명을 받아들일 수밖에 없는 존재인 것이다. 동화 『마당을 나온 암탉』에서 잎싹이가 마당을 나온 이유는 결국 자유를 찾기 위해서이다. 하지만 반려견들은 자유를 찾아 집에서 탈출하기가 쉽지 않다.

산책을 다녀와서 기분이 좋은 아롱이가 장난을 걸어 놀아주었더니 내 침대에서 너무나 평안하고 행복한 표정으로 아빠를 쳐다보다가 잠이 들었다. 견생보다 인간의 삶이, 아롱이보다 내 삶이 더 의미 있고 가치 있다고 생각하면서도 아롱이의 견생이 좋아 보이고 부러워지는 것은 왜 그런지 모르겠다.

나는 다음 생(生)이 있다면 개로 태어나고 싶다. 다음 생에서는 아롱이가 사람으로 태어나고 나는 아롱이가 키우는 개로 태어나고 싶다. 그래서 아롱이의 사랑과 보살핌을 받으며 살아보고 싶다. 아롱이에게 재롱도 부리고, 아롱이가 반가울 때 나한테 하는 것처럼 '와다다다'도 하고 싶다. 그러면 분명히 아롱이도 나한테 엄청 잘해 줄 것이다. 지금 아롱이는 이런 아빠 마음에는 아랑곳하지 않고, 쌔근거리며 한잠에 빠져 있다. 아롱이는 좋겠다. 개는 정말 좋겠다. 나처럼 아이들도 개는 좋겠다고 생각하는 것 같다.

개

초등학교 6학년

개는 좋겠다
공부도 안 하고
먹고 자고 논다

하지만 나는
골때리는
공부를 해야 한다

나도 개가 되고 싶지만
주인을 잘못 만나면
안 되기 때문에 싫다

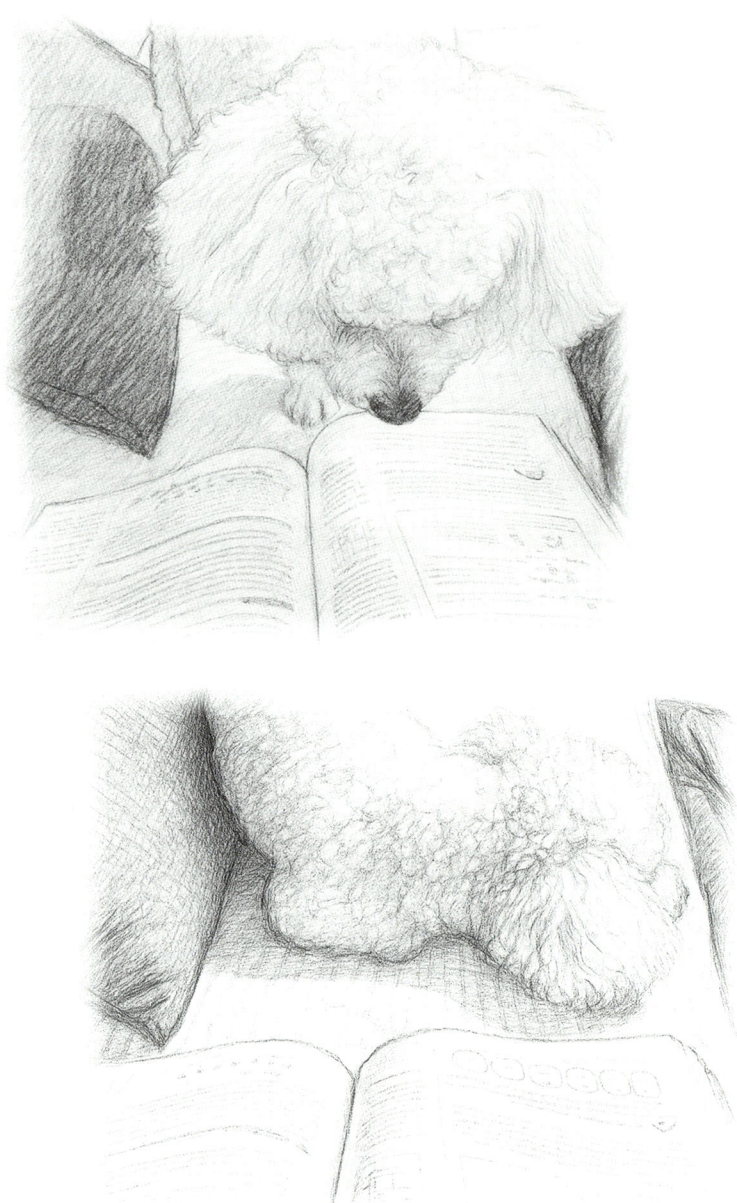

어쩌다 개

개새끼의 역설

아기들을 보면 정말 귀엽고 사랑스럽다. 해맑은 눈동자와 오물거리는 예쁜 입술, 귀여운 코, 작고 오동통한 손발이 너무 앙증맞고 예쁘다. 이는 사람뿐만 아니라 식물이나 동물들도 마찬가지다. 연둣빛 새싹이나 연초록 새잎도 예쁘고, 특히 모든 동물의 새끼는 정말 귀엽고 사랑스럽다. 이처럼 아기는 물론 새싹이나 새잎 그리고 동물의 새끼가 예쁘고 귀여운 것은 어쩌면 작고 순수하며 연약해서 무해(無害)하기 때문일 것이다.

어린 시절 시골에서 자랐기 때문에 병아리, 송아지, 강아지, 돼지 새끼, 토끼 새끼, 염소 새끼 등 많은 동물의 새끼를 보았는데 내 기억으로는 귀엽고 예쁘지 않은 새끼들은 없었던 것 같다. 노란 병아리가 뒤뚱거리며 삐악거리는 모습도 귀엽고, 갓 태어난 송아지의 부드럽고 매끈한 털과 밤톨 같은 머리에 왕방울만 한 선한 눈은 지금도 기억이 생생하다. 꿀꿀거리는 돼지 새끼는 까만 털에 코만 연분홍색인데, 두 개의 구멍이 뚫린 작은 코는 너무나 앙증맞고 귀여웠다. 또 숯검댕이보다 더 검은 새까만 흑염소도 여러 마리 키웠는데, 가끔 어미 염소 중에는 심술궂게 뿔로 사람을 들이받는 녀석들도 있기는 했지만 그래도 밉지는 않았다. 착하게 생겼으면서도 종종 엉뚱한 행동을 하는 염소 새끼도 정말 귀엽고 예뻤다. 특히 반지레하게 윤이 나는 검은색 털에 갈색 눈을 가진 염소 새끼가 너무 사랑스러워서 방 안에 안고 들어갔다가 어머니께 혼이 난 기억도 있다.

꿩이나 노루 새끼도 정말 귀엽고 예뻤다. 산에 소를 먹이러 갔다가 보았던 밤색 줄무늬가 있는 꿩 새끼는 너무 귀여워서 잡고 싶었지만, 워낙 빨라서 도저히 잡을 수가 없었다. 그 후로도 꿩 새끼를 한 번도 잡지는 못했지만, 보이기만 하면 잡으려고 한참을 쫓아다니기 일쑤였다. 한번은 어미 잃은 고라니 새끼 두 마리가 너무 예쁘고 귀여워서 집에 안고 온 적이 있었다. 그런데 밤새 큰 소리로 울어대는 어미 고라니의 크고 간절한 울음소리에 놀란 부모님께서 '산신령'이라며 빨리 놓아주라고 하셨다. 결국 아쉬운 마음을 뒤로하고 다시 놓아주었던 기억이 있다.

대체로 사람들은, 특히 아이들은 이런 동물의 새끼들을 좋아한다. 이유는 조금씩 다를 수는 있지만, 대체로 새끼들은 작고 연약하여 자신을 해치지 않을 것 같고 귀엽고 순한 외모가 보호 본능을 자극하기 때문일 것이다.

이렇게 예쁘고 귀여운 동물의 새끼가 사람들의 말 속에서는 때

때로 부정적인 의미나 욕으로 쓰인다. 소, 돼지, 개 등에 '새끼'가 따라붙으면, '소새끼, 돼지새끼, 개새끼' 등의 욕이 되는데, 이것은 아마도 동물을 인간보다 하등하거나 열등한 존재로 보는 인간의 인식에 근거한 것으로 보인다. 이 경우 '새끼'는 직접적으로 동물의 새끼를 지칭하기보다는 그 동물 자체를 빗대어 말하는 것이다. 즉 사람들 중에 무지하고 판단력이 부족하거나 예의나 도덕성 등 인간이 갖추어야 할 인품을 제대로 갖추지 못한 사람을 주로 동물이나 그 새끼에 빗대어 비하하는 것이다. 이 중에서 가장 흔하게 사용되는 욕이 '개새끼'이다.

사실 우리가 사용하는 말 중에서 '개'가 들어간 말은 대체로 욕이나 부정적 의미로 쓰인다. 예를 들면 '개새끼', '개자식', '개소리', '개구신', '개지랄', '개잡놈', '개차반', '개망나니' 등은 직접적인 욕으로 사용되고, '개꿈', '개폼', '개털', '개뿔', '개똥', '개판', '개눈깔', '개고생', '개오(우)지', '개구멍', '개나발', '개박살', '개무시', '개오동', '개망초', '개똥철학', '개발새발' 등도 쓸모없거나 하찮은 등의 부정적인 의미로 사용된다. 이뿐만 아니라 과일이나 음식 등에 '개'라는 접두어가 붙으면 참이 아니거나 좋지 않은, 맛이 없는 의미를 지닌 부정적인 의미로 사용된다. '개살구', '개복숭아', '개똥참외', '개녹두', '개머루', '개꽃(참꽃 반대말)', '개죽', '개밥' 등이 그러하다.

그런데 최근 들어 '개'라는 접두사의 의미가 바뀌고 있다. 부정적인 의미에서 벗어나 오히려 긍정이나 강조의 의미로 확장되거나, 신조어로 사용되고 있다. '개통령', '개빠', '개냥이', '개호강', '개치원', '개린이집', '개린이날' 등은 단어의 결합이나 변형으로 생겨난 신조어이고, '개맛있다', '개좋다', '개잘한다', '개멋있다', '개아프다', '개재밌다', '개예쁘다' 등은 개가 접두사로 사용되어 강한 긍정 혹은 강조의 의미로 사용되는 경우이다. 특히 긍정적 의미로 사용되는 '개맛있다', '개좋다', '개잘한다', '개멋있다', '개예쁘다' 등이나 강조의 의미로 사용되는 '개아프다', '개슬프다', '개힘들다', '개고생' 등의 말들은 자신의 감정이나 기분, 상황을 솔직하고 강렬하게 표현하기 위한 것으로, 요즘 젊은 세대의 언어 사용법에서 드러나는 특징 가운데 하나라고 할 수 있다.

이것은 다른 한편으로는 SNS 같은 매체가 활성화되면서 기존의 규범에 대한 반발이나 언어적 유희 차원에서, 종전에 사용되던 '개'라는 의미에 대한 역설이나 반전을 의도한 것이다. 아마도 반려동물인 개가 현대인들에게 사랑받으면서 긍정이나 강조의 의미로 변화된 문화적 변용의 한 현상이라고 여겨진다.

이러한 의미 변화는 여러 요인이 복합적으로 작용했을 수 있지만, 어쩌면 개만도 못한 사람이 하도 많다 보니 개가 역설적으로 좋은 의미로 사용되고 있는 것이 아닌가 싶다. 아무튼 개인 아롱이를 사랑하는 나는 '개' 자가 긍정적인 의미나 강조의 의미로 사용되는 것이 개좋다. 어쩌면 앞으로 '개'가 붙은 단어가 많이 늘고, 욕이 아니라 칭찬으로 받아들여질 날이 올지도 모르겠다. 그러면 아롱이와 아롱이 친구들이 개좋아하겠지. 그때쯤이면 나도 '개 같은 놈'이 되고 싶을지도 모를 일이다.

사람보다 훨씬 낫다

아롱이를 데리고 산책하다 보면 많은 사람을 만난다. 반려견을 데리고 산책하는 분들도 있고 손주들을 데리고 산책 나온 할아버지 할머니도 있다. 또 놀이터에는 아이들이 놀고 있고, 그것을 지켜보며 삼삼오오 이야기를 나누는 젊은 엄마 아빠들도 있다.

그런데 개를 데리고 산책하는 사람들 중에는 여자들도 있지만 남자들도 많다. 대체로 강아지는 처음엔 아이들이 좋아해서 키우기 시작하지만, 시간이 지나면 아빠들이 더 좋아한다고 한다. 아빠들이 강아지가 좋아서 직접 산책을 하는 것인지 아니면 산책시킬 사람이 마땅치 않거나 산책을 시키라는 집안의 강압(?) 때문에 억지로 나온 것인지는 몰라도 하여튼 요즘은 강아지를 데리고 산책시키는 남자분들이 많다.

강아지를 데리고 산책 나온 분들과는 남녀노소 상관없이 대화가 잘 이루어진다.

"아이구, 예쁘다!"
"이름이 뭐예요?"

그러면 나도 자연스럽게

"너무너무 예쁘다."
"나이가 몇 살이에요?"

이름이나 나이를 묻는 건 사람 사이의 첫 만남과 비슷하다. 대화 속에서 자신의 반려견을 소개하거나 자랑하시는 분들도 있고, 사료나 병원 등 반려견 양육에 관한 정보를 주고받기도 한다. 가끔은 억지로 나온 것인지 반려견을 거의 끌다시피 하거나 매달고 가는 듯한 분들도 있고, 핸드폰에 정신이 팔려 반려견의 행동에는 전혀 신경 쓰지 않고 산책하는 분들도 있다. 이런 분들과는 이야기하기가 쉽지 않다. 또 짖거나 공격적인 반려견을 데리고 나온 분들은 미리 피해서 멀찍이 돌아가기도 한다. 결국 반려견을 보면 반려인과 강아지의 성격이 어느 정도 드러난다.
그런데 아롱이와 산책을 할 때마다 늘 말을 거는 할아버지가 있다.

"고놈 참 귀엽다. 사람보다 개가 훨씬 낫다. 개가 사람보다 훨씬 낫다. 그저께 개가 나오는 텔레비전 짝에서도 그러더라."

내가 맞장구를 치면 할아버지는 우리를 따라오시면서 같은 말을 몇 번이고 반복하신다. 사실 나도 할아버지 말씀에 적극 공감한다. 할아버지의 말씀은 개가 사람보다 훨씬 인간적(?)으로 훌륭하다는 뜻으로 말씀하시는 것 같았다.

나이가 들면 젊은 시절 잘나갈 때 옆에 있던 사람들도 대부분 떠나가고, 가족들의 관심도 덜 해지기 마련이다. 반면에 개는 한결같이 옆에 있어 주고, 변함없이 반겨준다. 아마도 할아버지께서는 이런 측면을 생각하시고 개가 사람보다 훨씬 더 낫다고 말씀하시는 것 같았다. 한편으로는 할아버지께서 주위의 사람들이나 가족으로부터 상처를 많이 받으셔서 그러시는지, 요즘 세상에는 사람 같지 않은 사람들이 워낙 많아서 그러시는지, 아니면 못되고 나쁜 사람이 많아서 그렇게 말씀하시는지, 그것도 아니면 나이 드니까 사람들이 예전만큼 대우를 해주지 않아서 그런지는 잘 모르지만, 살짝 짠한 느낌이 들었다.

그러고 보니 나도 요즘 사람보다 개가 낫다는 생각을 종종 한다. 아롱이와 함께 살면서 새롭게 느끼는 것들이 많다. 늘 변함없이 반겨주고, 나를 따르고, 잔머리 굴리거나 계산하지 않고 솔직하게 있는 그대로 감정을 표현하는 아롱이에게 배우는 것이 정말 많다. 개를 포함한 동물들은 절대로 가식적이거나 위선적인 행동을 하지 않는다. 본능적인 행동이나 먹고살기 위한 행동으로 거칠게 행동할 때도 있긴 하지만, 그야말로 꾸밈없이 있는 그대로 행동한다. 더 많이 가지기 위해, 더 높은 자리에 오르기 위해서 가장 가까운 사람마저 속이고 배신하는 그런 행동은 하지 않는다. 단순한 식사와 간식에도 기뻐하고 짧은 산책에도 감사하고 행복해한다. 이런 아롱이의 행동을 보면 사람보다 개는 훨씬 더 인간적⁽?⁾이다.

요즘 우리 사회에서는 김보성 씨 외에는 의리 있는 사람을 찾아보기 어렵다. '신뢰', '의리', '헌신', '희생' 같은 말을 사용하기가 쉽지 않고, 사용할 기회도 거의 없다. 또 이런 말을 사용하며 강조⁽요⁾한다고 해서 이런 덕목을 실천하는 사람들이 생겨나는 것도 아니지만, 그래도 요즘 세상이 워낙 팍팍하고 삭막하다 보니까 가끔 이런 말이 듣고 싶고 이렇게 사는 멋진 사람이 보고 싶다. 손해를 볼 줄 알면서도 바른말을 하고 어떤 결과를 초래하든 소신 있고 정직하게 행동하는 사람이 그리운 시대다. 그래서일까. 『동의보감』의 저자이자 인술의 대명사로 불리는 허준을 다룬 드라마나 불멸의 이순신을 다룬 「명량」이나 「노량」이라는 영화가 큰 인기를 끌었던 이유도 여기에 있을 것이다. 본래 사람은 내가 갖고 있지 않은 것을 동경하는 성향이 있다. 나 역시도 마찬가지다.

최근 우리 사회의 문제와 갈등은 대부분 지나친 자기중심적 사고나 이기적인 행동에서 비롯된 것이다. 조금도 손해 보지 않으려는 사회 분위기, 다른 사람의 입장이나 상황은 도외시하고 오직 내 이익이나 나를 위해서, 우리 가족만을 위해 사는 세상이 되어버린 것이다. 특히 요즘 정치계를 보면 여당, 야당 가릴 것 없이 볼썽사나

운 말이나 행동이 난무한다. 처음에는 참 멋있다고 생각했던 사람이 정치를 하면서 점점 이상하게 변해가는 모습이 이젠 전혀 낯설지 않다. 처음에는 양심을 지키다가 점차 양심이 무디어지는가 싶더니 어느 순간 보면 양심이 아예 없는 사람이 되어 있는 경우를 많이 볼 수 있다. 마치 『도리안 그레이』란 책에서 잘생긴 주인공이 그 젊음을 유지하는 대가로 영혼을 내어주는 것처럼, 많은 정치인이 권력을 위해서 조금씩 영혼을 팔다가 어느 순간이 되면 아예 영혼이 없는 괴물처럼 되어가는 것이다.

영혼 없는 정치인. 어쩌면 요즘 정치는 영혼이 없어야 할 수 있는 것인지도 모르겠다. 종종 각종 언론에서 정치인들은 툭하면 국민을 위해서, 우리 사회를 위해서, 우리나라를 위해서라고 말한다. 그런데 정치인들이 말하는 국민은 도대체 누구인지, 어느 사회, 어느 국민인지가 헷갈린다. 여당이 생각하는 국민, 야당이 생각하는 국민은 우리가 아는 평범한 국민과는 전혀 다른 존재처럼 느껴진다. 그들에겐 자신을 지지하는 국민만이 '국민'으로 보이는 듯하다. 듣고 싶은 말만 듣고, 보고 싶은 것만 보는 듯한 그들의 태도는 씁쓸하기만 하다.

고대 그리스의 철학자 디오게네스는 개를 스승으로 삼아 '개 같은 삶'을 추구했던 견유학파(犬儒學派)의 대표적인 인물이다. 그는 개처럼 자연스러운 본성에 따라 삶을 영위하는 것이야말로 행복한 삶이며, 행복한 삶은 외적인 조건에 좌우되는 것이 아니라고 했다. 그의 철학을 오늘 우리의 삶 속에 그대로 적용하기는 쉽지 않지만,

어쨌거나 그 시대에 개에게 배움을 얻었던 그의 혜안(慧眼)이 탁월하게 느껴진다. 또 『인간관계론』의 저자 데일 카네기 역시 '인간관계'에서의 진정성을 개에게서 배워야 한다고 했다. 이쯤 되면 욕설로만 사용되던 '개새끼'나 '개 같은 놈'이란 말도 이제는 칭찬하는 말로 사용해도 될 것 같다는 생각마저 든다.

이런 세상에서 나는 아롱이와 함께 지내며 아롱이의 행동을 통해 순수함과 솔직함, 단순함과 소박함, 한결같은 신뢰와 의리, 변함

없는 태도와 사랑을 배운다. 아롱이는 외모가 어떠하든지, 능력이 있든지 없든지, 돈이 많든지 적든지, 남이 어떻게 평가하는지에 상관없이 오직 함께 살고 있다는 이유 하나만으로 나를 반기고 따르고 좋아한다. 또 내가 잘못해도 꾸짖어도 늘 한결같이 나를 반겨주는 아롱이를 보면 부끄러워진다.

   아롱이는 나보다 훨씬 낫다. 아니, 개가 사람보다 훨씬 낫다.

아롱이도
계획이 다 있구나!

한때 "너는 다 계획이 있구나."라는 말이 유행한 적이 있다. 영화 「기생충」에서 아빠 기택(송강호 분)이 위조한 재학증명서를 들고 가는 아들 기우(최우식 분)에게 한 말이다. 블랙코미디의 짧은 한마디였지만, 우리 사회의 현실과 맞물리면서 유행어가 되었다.

"아버지, 저는 이게 위조나 범죄라고 생각하지 않아요. 저 내년에 이 대학 꼭 갈 거거든요."
"오~너는 계획이 다 있구나."
"뭐, 서류만 좀 미리 뗐다고 생각하고 있습니다."

가끔 우리 아롱이를 보면서 '아, 우리 아롱이도 다 계획이 있구나'라는 생각을 할 때가 있다. 아롱이도 분명히 생각이 있고, 계획도 있다. 아롱이는 엄마와 아빠가 외출했다가 같이 돌아오면 아빠한테 와서 두 발로 '와다다다' 세리머니를 하다가 다시 엄마한테 쫓아가서 '와다다다' 세리머니를 하고, 이렇게 몇 번 왔다 갔다를 한다. 아마도 엄마나 아빠 누구 한 사람이 서운하지 않도록 골고루 반겨주는 것이리라. 또 잘 때는 반드시 엄마 방에 먼저 가서 10~20분 정도 있다가 엄마가 잠들고 나면 내 방으로 온다. 엄마가 자지 않고 깨어 있으면, 그냥 나오면 서운할까 봐 그런지 반드시 '으르렁' 하고 화를 내고서는 엄마 방을 나온다. '아마도 내가 삐져서 가니까 서운해하지 말아요'라고 표현하는 듯하다. 사실 이러한 행동은 계획이라고까지 표현하기는 뭣해도 아롱이가 감정이 있고, 상황 판단도 하고 있다는 것이 느껴진다. 특히 아롱이가 음식을 먹을 때는 다른 어떤 행동을 할 때보다 생각이 분명하다. 그야말로 아롱이만의 확실한 계획이 있어 보인다.

　일반적으로 동물들은 사고하거나 생각하지 못한다고 여긴다. 나 역시 아롱이를 키우기 전엔 그렇게 믿었다. 아마도 이러한 판단을 하는 것은 어릴 적부터 생각하고 사고하는 것이 인간만의 고유한 행동 특성이라고 배우며 자랐기 때문일 것이다. 하지만 아롱이와 같이 살면서 그 생각이 바뀌었다.

　우선 생각이나 사고와는 좀 다르지만, 동물들이 감정을 가지고 있는 것은 확실하다. 아롱이를 보면 아롱이는 인간보다 훨씬 더 감정에 예민하게 반응하며 잘 느낀다. 아롱이는 기분이 좋으면 좋은 감정을 마음껏 표현하고 기분이 좋지 않거나 뜻대로 되지 않으면,

기분 나쁜 표정이나 행동을 하며 삐지기도 한다. 예를 들어 아빠한테 꾸중을 듣고 나면 내가 있는 반대편으로 고개를 돌려 엎드려 있기도 하고, 잘 때 으르렁거리다가 방에서 쫓겨나면 다음 날 아침 토라져 가까이 오지 않는 경우도 있다. 대신 동물들은 인간처럼 감정을 숨기거나 가식적으로 표현하고 행동하지는 않는다. 동물들은 있는 그대로 표현하고 행동하기 때문에 사람들이 동물들을 더 좋아하고 사랑하는지도 모르겠다. 이처럼 동물들은 같이 사는 사람들의 감정도 잘 알아챈다. 아롱이도 목소리 톤이나 표정, 행동 등을 통해서 우리 가족의 기분이나 감정 상태를 귀신같이 파악하고 대응한다.

그러나 동물들은 인간처럼 논리적 사고나 고차적인 사고까지는 하지 못하는 것으로 보인다. 즉 동물들이 원인과 결과 등을 관련지어 체계적이거나 논리적으로 사고하지는 못하다는 것이다. 물론 이것도 훈련에 따라 달라질 수 있을 것이다. 우리 아롱이는 간식을 주고 "기다려." 하면 간식이 보이지 않도록 일부러 고개를 반대 방향으로 돌린다. 간식을 보고 있으면 먹고 싶어서 참기 어려우니 고개를 다른 곳으로 돌리는 것으로 생각된다. 가끔 아롱이에게 교육심리학자 피아제(Piaget)의 보존 법칙을 시험해 보기 위해 아롱이가 가지고 놀던 장난감을 숨기면 아롱이는 그것을 계속 찾는다. 다시 보여주면 좋아하다가 또 숨기면 아롱이는 영문을 모르고 당황해하다가 다시 찾기 시작한다. 이건 피아제가 말했던 3~4세의 유아에게 나타나는 모습과 비슷하다. 완전한 사고는 아닐지라도 보존과 연속성 등에 있어서는 3~4세의 유아와 비슷한 행동 특성을 보인다.

종종 「동물농장」이나 「개는 훌륭하다」, 「순간포착 세상에 이런 일이」 같은 프로그램에서 주인을 잃고도 오랫동안 그 자리를 지키는 개나 아픈 동료를 보살피는 개의 사례가 종종 나온다. 동물들도 동료의 죽음을 슬퍼하며 꽤 오랫동안 그 곁을 지키며 머문다. 코끼리의 경우, 죽은 친구의 몸에 흙을 뿌려 매장하고 사체가 있는 장소에 다시 찾아가는 이야기도 잘 알려져 있다. 인간의 입장에서 그것은 '우연'이라고 생각할 수 있고, 본능이나 습관에 의한 혹은 낯선 것에 대한 경계 등으로 해석하기도 하지만 그것은 어쩌면 우리 인간의 편협한 생각일지도 모른다. 30년 이상 코끼리를 연구한 미국 행동생태학자인 케이틀린 오코넬(Caitlin O'Connell)은 『코끼리도 장례식장에 간다』라는 책에서 다양한 야생동물의 인사와 놀이, 애도, 선물 등 열 가지 의례를 소개하고 있다.

동물이 생각을 하거나 사고를 하는 것은 마크 롤랜즈가 쓴 『철학자와 달리기』라는 책 속에서 등장하는 늑대개 브레닌을 통해서도 볼 수 있다. 브레닌은 림프육종이라는 중병에 걸려 안락사를 앞둔 늑대개다. 롤랜즈는 브레닌을 잠시라도 쉬게 해주기 위해 같이 키우던 니나와 테스라는 혈기 왕성한 젊은 개들을 동물보호소에 맡겼다. 그 후 브레닌의 행동이 더 밝고 또랑또랑해지고 호기심도 많아졌으며, 식욕도 왕성해졌고 달리기 등 젊은 시절 활달했던 행동을 다시 했다고 말한다. 자기보다 더 젊고 건강한 젊은 개들이 있을 때는 위축되어 있던 브레닌이, 다른 개들이 사라지자 적극적이고 활달한 행동을 보인 것이 브레닌의 본능 때문인지 사고 작용에

의한 것인지는 애매하다. 하지만 이 사례는 브레닌이 감정도 있을 뿐만 아니라, 생각하고 판단할 줄도 안다는 것을 의미한다. 본능이든지 사고 작용이든지 간에 개도 감정이 있고, 생각하고 판단할 줄 안다는 것이다.

이런 여러 가지 행동들을 볼 때 동물들이 고차적인 사고는 아니더라도 생각하고 간단하게 사고하는 것은 충분히 가능하다는 것을 알 수 있다. 더구나 사람과 함께 생활하는 반려견들은 인간이 하는 행동을 보고 학습하기 때문에 좀 더 발달 된 사고를 할 수 있다. 그래서 "서당 개 3년이면 풍월을 읊는다."라고 하지 않았을까?

개는 키우는 주인을 닮는다고 한다. 우리 아롱이는 아빠와 같이 있는 시간이 많으니까 아빠를 닮았을 수도 있다. 아빠가 생각이 많고 생각하는 것을 좋아하니까 우리 아롱이도 그럴지 모르겠다. 그렇지만 나는 우리 아롱이가 너무 예민하게 반응하고 복잡하게 생각하기보다는, 지금처럼 있는 그대로 감정을 표현하고 단순하게 행동하는 것이 더 좋다. 싫으면 싫다고 으르렁거릴 줄 아는 건강한 자유주의자 아롱이가 더 좋다.

4장

공존
함께 만드는 아름다운 세상

개나 다른 동물들 역시 고유한 개체로서 존중받아야 한다. 그들은 인간은 아니지만, 인간과 마찬가지로 감정을 갖고 생각하며 자기 방식대로 살아가는 고유한 생명체이기 때문이다.

동물들도 말로 표현하지 못할 뿐, 나름대로 고통을 느끼고 저항하고 있다. 다만 그들의 의사 표현이 인간에게 제대로 전달되지 않거나 인간이 들으려고 하지 않기 때문에 무시되고 있는 것이다.

금붕어가 죽었다

우리 아파트 위쪽 정문 옆에는 작은 연못이 있다. 사실 연못이라 해야 할지 웅덩이라고 해야 할지 애매하지만, 나름대로 운치가 있어 나는 그곳을 연못이라고 부른다. 그 안에는 여러 가지 수중 생물들이 살고 있다. 금붕어를 비롯해 미꾸라지, 버들치, 피라미(피리), 고동 등 다양한 물고기들이 살고 있다. 가끔 근처를 지나면 개구리 우는 소리도 들리고 소금쟁이가 헤엄치는 것도 보인다. 소금쟁이가 사는 물은 1급수라고 했는데, 보기보다 연못 속의 물이 꽤 깨끗한 모양이다. 나는 산책하러 나가면 꼭 연못을 들른다. 우연히 연못을 들른 후에 그곳에 사는 수중 생물들에게 이끌려 자연스럽게 발길이 이어졌다.

처음엔 그렇게 많지 않았던 금붕어가 어느 순간부터 개체수가 크게 늘었다. 그래서 제한된 공간에 너무 많은 것이 아닌가 하는 걱정도 들었다. 발걸음 소리가 나면 모든 금붕어가 소리 나는 쪽으로 일제히 헤엄쳐 오는 모습이 귀엽고 신기했다. 사람들은 금붕어를 아무것도 인식하지 못하는 단순한 물고기라고 생각하지만, 나는 그 반응을 보면서 모든 생명체는 인간이 이해하지 못하는 본능과 감각, 그리고 인식능력을 가지고 있다는 것을 다시금 깨닫게 되었다.

그러다 언제부턴가 연못에 가면 꼭 확인하는 습관이 하나 생겼다. 바로 그 많은 금붕어 중에서 제일 큰 황금색 금붕어가 어디 있는지 확인하는 것이다. 연못 속 대부분의 금붕어는 어항 속에 사는 금붕어처럼 작은데, 유독 두 마리만 몸집이 컸다. 그런데 어느 날, 그중 한 마리가 사라졌다. 왜 없어졌는지가 궁금했지만 확인할 길이 없었다. 그때부터 나는 혼자 남겨진 그 큰 황금색 금붕어의 안부가 궁금해졌다. 그래서 산책할 때마다 그 녀석이 잘 있는지 확인하곤 했다.

그런데 어느 순간, 작은 금붕어 중에서 제법 큰 빨간색 금붕어의 몸집이 눈에 띄게 커져 있었다. 시간이 좀 지나면서 빨간색 금붕어는 점차 자라나 어느덧 황금색 금붕어와 거의 비슷한 크기가 되었다. 황금색 금붕어는 주로 가만히 있거나 느리게 헤엄치지만, 빨간색 금붕어는 몸집은 황금색 금붕어보다 조금 작았으나, 젊어서 그런지 훨씬 활발하게 움직이고 기운차게 헤엄쳐 다녔다. 역시 금붕어도 젊음이 좋은가 보다. 가끔 두 마리는 앞서거니 뒤서거니 함께 헤엄도 치고, 어떤 때는 다른 금붕어가 없는 수초 숲에서 두 마리가 딱 붙어 있거나 나란히 헤엄쳐 다녔다. 그래서 '이 녀석들이 다른 금붕어들 몰래 비밀 연애 중인 건 아닐까?' 하는 생각이 들기도 했다. 어쨌거나 큰 황금색 금붕어가 더 이상 외로워 보이지 않아서 괜히 흐뭇했다.

그러던 어느 날, 금붕어 개체수가 확연히 줄어 있었다. 무슨 일이 있었는지 궁금했지만, 그 이유를 알 수가 없었다. 어떤 사람은 산에서 오소리가 내려와 잡아먹었다고 하고, 또 어떤 사람은 족제비 때문이라고 했다. 경비실에 확인해 보니 언제부턴가 두루미가 날아와서 금붕어들을 잡아먹는다고 했다. 그래서 연못 위에 그물 방어막을 쳐놓았다고 했다. 다시 가서 보니 정말 축구 골대에 쓰이는 망처럼 생긴 그물이 연못을 덮고 있었다.

며칠 후, 연못을 다시 찾았는데 두 번째로 큰 빨간색 금붕어가 보이지 않았다. 놀란 마음에 경비실에 물어보니 지난밤에 고양이인지 족제비인지 알 수 없는 어떤 동물이 공격해서 물어 죽였다고 했다. 불쌍하고 안타까웠다. 어린 금붕어에서 점점 자라 큰 금붕어가 되어, 이제는 연못에서 자기 세상을 열어갈 수 있게 된 그 시기에 공격받은 빨간색 금붕어가 측은하게 여겨졌다. 또 비슷한 크기의 친구가 생겨 좋아했을 황금색 금붕어가 너무 외로워 보였다. 어쩌면 금붕어들은 아무 생각도 없는데 나만 괜히 감정을 이입해 이런 생각을 하는 것이 아닌가 하는 생각이 들지만, 빨간색 금붕어가 자라는 과정을 지켜보았기에 그 짧은 삶이 더 애틋하게 느껴졌다.

그 후 연못을 갈 때마다 빨간색 금붕어가 생각났지만, 그 역시 자연의 이치라며 스스로 위안을 삼았다. 고양이나 족제비도 결국 생존을 위해 어쩔 수 없이 먹이를 찾는 것이다. 본래 자연 생태계는 그런 것이고, 개체수가 그렇게 조절되는 것이리라. 생태계에서는 특정 종이 과도하게 늘어나거나 급격히 줄어드는 일이 없도록, 포식자와 피식자의 관계 속에서 개체수가 조절된다. 그것이 '생태적 평형(Ecological Balance)'이라는 것이다.

언젠가 읽었던 『마당을 나온 암탉』의 장면이 떠올랐다. 잎싹이라는 암탉이 자신의 새끼를 위해 사냥을 나선 족제비에게 스스로 자신을 내어주는 장면이었다. 족제비는 새끼들을 먹여 살리기 위해서 잎싹이를 공격했고, 잎싹이는 그것을 받아들였다. 누가 옳고 그르다고 말하기 어려운, 각자의 생존과 삶의 방식이 교차하는 복합적이고 진지한 생명 간의 만남이고 관계이다.

빨간색 금붕어가 완전히 다 자라기도 전에 생을 마감한 건 안타깝지만, 그것 또한 자연의 품으로 돌아간 것으로 생각하기로 했다. 어쩌면 인간의 삶도 마찬가지 아닐까. 언젠가 우리 아롱이도 그리고 나도 자연 속으로 되돌아갈 것이다. 그때는 분명 마음이 아프겠지만, 태어난 곳으로 돌아가는 것이라고 생각하면 그 슬픔이 좀 덜할 것 같다. 만물은 그렇게 순환하며 살아간다. 빨간색 금붕어를 더 이상 볼 수 없는 것은 아쉽지만, 더 큰 자연의 품으로 돌아가 누군가의 삶에 도움이 되었을 거라고 믿는다.

중요한 것은 인간의 욕심이나 무분별한 개입으로 다른 생명체들이 불필요하게 고통받거나 죽임을 당하는 일은 절대로 있어서는 안

된다는 점이다. 물론 인간은 생존을 위해 동물이나 식물을 섭취해야 한다. 하지만 그것은 어디까지나 최소한의 필요에 기반한 것이어야 하며, 인간의 이기적인 욕심이나 인간 중심적인 사고와 행동으로 무고한 생명을 함부로 대하거나 학대하는 일은 정당화될 수 없다. 생명은 모두 존엄한 것이므로 그들도 인간과 마찬가지로 이 땅에서 자신들의 삶을 누리며 행복하게 살아갈 권리가 있다.

앞으로 아롱이와 함께 산책하면서 우리 아파트 연못의 물고기들, 그리고 주변의 꽃과 나무들이 자연스럽게 잘 자라도록, 그들도 자신의 삶을 살아갈 수 있도록 좀 더 관심을 가지고 챙겨보아야겠다.

인간의 위치

아롱이와 함께 지내다 보면 어린아이를 떠올리게 될 때가 많다. 감정 표현과 행동 특성 그리고 사고방식에 있어서 그렇게 느껴진다. 예전에는 동물이 감정을 느끼거나 생각할 수 있을지 의문조차 가져본 적이 없지만, 아롱이를 키우면서 그 생각이 많이 달라졌다. 동물들의 감정, 생각과 사고, 행동은 본능적인 측면 외에도 반복된 경험을 통한 학습이 가능하며 이는 학습이론을 포함한 많은 교육이론이 동물 실험을 통해서 도출된 것이라는 점만 보아도 알 수 있다.

조건반사 이론은 동물 실험을 통해서 도출된 대표적인 학습이론이다. 조건반사는 특정 자극에 대한 반응이 학습을 통해서 형성된다는 것으로 파블로프(Pavlov)는 개 실험을 통해 이를 증명하였다. 처음에 개는 종소리를 들어도 침을 흘리지 않지만, 먹이를 줄 때마다 종소리를 들려주는 과정을 반복하자 나중에는 종소리만 들어도 먹이를 준다는 것이 학습되어 침을 흘리는 반응을 보였다.

대학 시절 처음 교육학 이론을 배울 때 학습이론을 포함한 많은 교육이론이 동물 실험을 통해서 도출되었다는 것을 알게 되었다. 당시에는 '동물로부터 도출된 이론을 동물과 엄연히 다른 인간에게 그대로 적용해도 될까'라는 의문이 들었다. 실제로 교육학자들 중에도 동물 실험을 통해서 도출된 이론을 동물과 다른 인간에게 그대로 적용하는 것은 문제가 있다고 주장하는 학자들이 많다. 그러나 아롱이를 지켜보면서 개(犬)인 아롱이의 행동과 인간(人間)인 어린아이의 행동이 거의 유사하다는 확신이 들었다. 물론 고차적 사고와 판단 능력을 갖추고 행동하는 인간과 개를 비교하는 것은 적절하지 않다고 생각할 수도 있다. 그러나 어린아이와 개는 감정 표현과 사고방식 그리고 이에 근거한 행동 특성에서 유사성이 많고, 이 점은 교육 현장에서 유아 이해에 도움이 될 수 있다. 내가 처음 가졌던 의문, 즉 '동물 실험 기반 학습이론이 인간에게도 적용 가능한가?'에 대해 지금은 어느 정도 긍정적인 확신을 갖게 되었다. 특히 개의 단순한 사고와 행동 특성은 영유아를 이해하는 데 많은 도움이 될 것으로 여겨진다. 물론 이러한 사실이 어린아이를 동물인 개와 같은 수준으로 대하고 교육하자는 것은 절대 아니다. 오히려 어린아이의 교육에 있어서 개의 사고 발달과 이에 근거한 행동 특성을 참고하면 어린아이의 사고 과정과 행동 발달 등을 이해하는 데 도움이 될 수도 있다는 것을 말하고자 하는 것이다.

아롱이가 말을 알아듣고 이해하는 능력은 대략 두세 살 아이 수

준과 비슷하다. 아이들이 어릴 때 '밥 먹자'나 '과자 줄까'를 '맘마', '까까'라고 하면 알아듣듯이 아롱이도 관계되는 핵심 단어만 말하면 알아듣고 이해한다. 또 아기들이 좋아하는 말이나 싫어하는 말을 하면 알아채듯이 아롱이도 '간식', '밥', '놀자', '고기', '생태공원' 같은 말을 하면 좋아서 격하게 반응하는 반면, '병원', '미용', '목욕' 등의 단어를 들으면 벌벌 떨거나 도망을 간다. 이러한 행동도 어린 아이들의 행동 특성과 매우 유사하다.

사람의 말을 알아듣는 동물은 비단 개에만 국한되지 않는다. 어린 시절 경험을 떠올려 보면 소도 '이랴', '워' 등의 말을 알아들을 뿐만 아니라, 아버지가 "발."이라고 말하면 소가 고삐를 밟은 발을 들어 올리던 장면도 기억에 남는다. 이러한 사실은 소도 간단한 말은 알아듣는다는 것을 의미한다. 닭도 '구구' 하면 달려오고 주인은 알아본다. 물론 동물들의 이러한 행동은 단순히 조건반사일 수도 있다. 그러나 반복된 경험을 통해 행동이 형성된다는 점에서 사고 능력이 전혀 없다고 단정 지을 수는 없다. 이러한 학습적 형성은 인간 유아의 언어 습득 과정과도 부분적으로 유사하다.

아롱이는 감정의 표현이나 수용에서도 어린아이들과 매우 유사한 특성을 보인다. 아롱이는 사람의 감정을 정말 빨리 파악한다. 목소리 톤이나 표정 등을 보고 알아차리는 것이 사람보다 훨씬 빠르다. 내 목소리가 조금이라도 커지거나 표정이 굳어 있으면 긴장하거나 불안해한다. 특히 다른 사람과 같이 있을 때 목소리 톤이 높아지거나 격해지면 예민하게 반응하고 짖는다. 가끔 전화를 받다가 언성이 높아지거나 화를 내면 아롱이는 다가와서 짖어대며 통화를 방해한다. 엄마와 조금이라도 언성이 높아지면 엄마와 아빠에게 차례로 다가와서는 '월월월' 하고 짖는다. '왜 싸워, 왜 싸워, 싸우지 마' 하면서 짖는 것 같다. 어린아이들이 부모 사이를 중재하려는 모습과 다르지 않다.

아롱이는 미용을 하고 오면 오리발처럼 깎은 발이 불편해서인지 엎드려서 핥거나 쭐쭐 빤다. 또 산책을 하다가 발에 상처가 난 경우에도 집에 오면 상처 부위를 핥는다. 발사탕(상처 부위를 빠는 행동)을 방치하면 발에 상처가 덧날 수도 있어서 "아롱아, 안 돼." 하면 아롱이는 핥던 행동을 중단하고 쳐다본다. 그러다가 우리가 보지 않으면 다시 발을 핥거나 빤다. 그것을 보고 "아롱아." 하고 이름만 불러도 언제 그랬냐는 듯이 발을 숨기고는 딴청을 한다. 또 잠시 다른 곳을 보고 있으면 핥는 행동을 몰래 다시 하다가 이제는 눈만 마주쳐도 하던 행동을 중단한다. 이는 어린아이들이 부모가 하지 말라는 행동을 하다가 눈이 마주치면 딴청을 하는 행동과 흡사하다.

가끔 아롱이가 으르렁거리거나 말을 듣지 않아서 입을 잡고 좀 있거나 꾸중하고 나면 잠잘 때 내 방에 오지 않는다. 평소에는 아빠 방에 있는 방석에서 주로 잠을 자는데, 꾸중 들은 날은 엄마 방에 가서 잔다. 물론 자다가 보면 아롱이가 어느새 내 방에 와서 자고 있지만, 평소처럼 머리를 내 쪽으로 두지 않고 등을 돌린 채 자고 있다. 이런 모습을 보면 아롱이는 어린아이들처럼 잘 삐지는 것처럼 보인다.

산책할 때도 마찬가지다. 아롱이와 눈을 자주 마주치면서 노래를 부르거나, 이름을 부르면서 걸으면 환하게 웃는 표정을 짓는다. 앞서 걸어가면서 연신 뒤돌아서 아빠를 쳐다보고, 가는 방향에 대한 동의를 구하기도 한다. "아롱아, 괜찮아." 하면 아롱이는 엉덩이를 쌜룩거리면서 앞장서서 걷는다. 그런데 전화를 받거나 다른 사람과 이야기를 하면서 걸으면 아롱이는 개무룩한 표정에 그야말로 마지못해 터덜터덜 걷다가 결국에는 움직이지 않고 멈춰 선다. 그래서 아롱이와 산책할 때는 전화가 오면 받지만, 가급적 전화를 먼저 걸지는 않는다. 아롱이와 이야기하면서 같이 걷기 위해서다. 아롱이의 인격, 아니 견격을 존중해 주고 싶어서이기도 하다.

늘 함께 지내던 친구가 죽었는데도 그 친구를 위해 매일 사료의 절반을 늘 남기는 개도 있고, 떠나간 주인을 잊지 못하고 몇 년간이나 같은 장소에서 기다리는 개도 있다. 또 은혜를 갚기 위해 쥐를 잡아다 주는 고양이도 있다. 반면에 사람들에게 죽임을 당하는 동료를 보고 트라우마에 시달리는 개도 있고 말(馬)도 있다. 동물들도 슬퍼하고, 기뻐하고, 질투하며 두려워한다. 「동물농장」이나 「개는 훌륭하다」 같은 프로그램에 나오는 동물들을 일반화할 수는 없지만, 동물 중에도 사람과 유사한 감정과 행동을 보여주는 경우는 이외에도 많다.

그렇다고 해서 동물을 인간과 동등하게 대하자는 것은 아니다. 다만 동물도 감정과 생각을 가지고 있으며, 어느 정도는 이에 기반한 행동을 한다는 점에서 우리가 동물에게 조금 더 인격적이고 윤리적인 태도로 대할 필요가 있다는 것이다. 이는 동물이 인간과 동일한 존재이거나 인간과 동일한 존엄성을 갖고 있기 때문이 아니라, 인간은 이성적이고 윤리적 책임을 질 수 있는 존재이므로 그런 책임을 다해야 하고, 모든 생명을 존중해야 한다는 것을 의미한다.

인간이 존엄한 존재로서 존중받아야 한다면 왜 존엄한 존재인지, 왜 존중받아야 하는지 그 이유에 대한 성찰이 필요하다. 단지 인간이기 때문에 존엄한 존재이고 존중받아야 하는 것이라면 그것은 너무 인간 중심적인 생각이 아닐까? 만일 우리가 인간의 존엄성을 말하고자 한다면, 그에 걸맞은 윤리와 행동이 동반되어야 한다. 아롱이를 비롯한 개들도 어린아이처럼 감정을 느끼고, 생각하며, 사고하고 행동한다. 우리가 어린아이들에 대한 존중을 당연히 여기는 것은, 그들이 감정과 사고 능력을 지닌 존재로서 판단하고 행동하기 때문이며, 그런 점에서 개나 다른 동물들 역시 고유한 개체로서 존중받아야 한다. 그들은 인간은 아니지만, 인간과 마찬가지로 감정을 갖고 생각하며 자기 방식대로 살아가는 고유한 생명체이기 때문이다.

특히 동물들이 감정을 가지고 있고 사고하며 이에 따라 행동한다는 측면을 고려한다면, 그들의 감정이나 행동을 가능한 한 이해하고 존중하려는 태도가 필요하다. 물론 우리 주변의 식물이나 동물들을 어린아이들처럼 대하고 존중하자고 하면 지나친 비약이고 이상적인 주장이라고 할지 모르겠다. 그러나 어린아이들까지 존중해야 참다운 인간 존중이듯 식물이나 동물의 생명까지 소중히 여기고 존중할 수 있는 태도야말로 인간다운 인간, 존엄한 인간의 자세가 아닐까.

어쩌면 이것이야말로 대자연인 우주와 생태계 속에서 인간이 지니는 특별한 위치가 아닐까?

세계
강아지의 날에

일주일 전쯤부터 귀가 물속에 들어갔을 때처럼 먹먹하고, 고지대에 있는 것처럼 멍한 느낌이 들었다. 오전에 학교에 나가서 겨우 강의를 하고 병원에 가서 몇 가지 검사를 했더니 이석증이라고 했다. "당분간은 집중하거나 신경 쓰는 일은 가급적 하지 말라."는 의사의 말에 아무 생각 없이 그냥 푹 쉬기로 했다. 그래서 '내일은 토요일이니까 늦잠을 자야지' 하며 핸드폰을 무음으로 해놓고 잠자리에 들었다.

전날 밤에 어지러움을 참고 늦게까지 작업을 한 탓도 있고, 컨디션도 썩 좋지 않아 아침 늦게까지 침대에서 뒹굴뒹굴하다가 일어났다. 시간을 확인해 보니 오전 9시 40분이었다. 침대에서 내려와 아롱이가 자고 있는 방석에 가서 아롱이와 좀 놀다가 폰을 열어보니 여러 군데서 전화가 와 있었다. 확인해 보니 오늘이 대학 동기들과

라운딩을 약속한 날이었다. 매달 넷째 주 토요일이 월례회인데, 오늘을 셋째 주로 착각하고 있었던 것이다. 다시 시계를 보니 벌써 거의 10시가 다 되어가고 있었다. 전반 홀이 끝났거나 거의 끝나갈 시간이었다. '골프 약속은 부모상이 아니면 무조건 참석해야 한다고 했는데, 어쩌지?' 하는 생각이 들었지만, 어떻게 할 방법이 없었다. 급하게 문자로 양해를 구하고 거실로 나갔다.

늦은 아침을 먹고 TV를 보고 있는데, 아내가 3월 23일인 오늘이 '세계 강아지의 날'이라고 알려주었다. 나는 '그런 날도 있었나?'라고 속으로 생각하고는 아롱이를 바라보았다.

창밖을 보니 날씨가 화창해 보였다. 마침 오늘이 '세계 강아지의 날'이라니까 아롱이를 데리고 생태공원에 가면 좋겠다는 생각이 들어 아내에게 물었더니 피곤해서 집에서 쉬겠다고 했다. 그래서 아롱이와 둘이 다녀와야겠다고 생각하고 아롱이가 마실 물과 간식을 챙기기 시작했다. 아롱이는 내가 '생태공원'이라는 말을 하고 난 다음부터 벌써 기분이 좋아져서 밝은 표정으로 나를 졸졸 따라다녔다. 물과 간단한 간식을 챙겨 배낭에 넣은 후에 아롱이와 둘이 출발했다. 생태공원에 도착할 즈음 아롱이는 여느 때처럼 기분이 좋은 것을 참지 못하고 낑낑거리기 시작했다. 주차를 하고 공원 안쪽을 보니까 오전이어서 그런지 그렇게 사람이 많지는 않았다. 먼발치에서 가족 단위로 놀러 온 사람들이 여유를 즐기고 있었고, 따라온 강아지들도 덩달아 신이 나서 자유롭게 뛰어다니거나 주인과 함께 밝은 표정으로 산책을 하고 있었다.

사람이 없는 한적한 곳에서 아롱이의 목줄을 풀어주었다. 아롱이는 넓은 잔디밭에서 풀냄새도 맡고, 아빠와 숨바꼭질도 하며 신나게 놀았다. 오랜만에 생태공원 나들이를 온 탓인지 아롱이는 정말 하늘을 나는 것처럼, 바람처럼 날아다녔다. 멀리 혼자서 뛰어갔다가 "아롱아." 하고 부르면 빛의 속도로 나에게 달려와서는 안기기도 하고 지나쳐 간 후에 쳐다보기도 했는데, 초롱초롱 빛나는 눈으로 바라보는 그 표정이 너무나 밝고 해맑아서 나도 덩달아 행복해졌다. 아롱이의 사진을 찍어 지인들에게 보내고, 카톡 프로필도 공중을 나는 듯이 달리는 아롱이 사진으로 새롭게 단장했다.

특별히 오늘은 강아지의 날이라기에 아롱이 간식을 넉넉하게 챙겨서 갔다. 놀다가 간식 먹고 놀다가 또 간식 먹고 하다 보니 한 시간 반이 훌쩍 지났다. "아롱아, 이제 집에 가자."라고 말하고는 앞장서서 걸어가다가 뒤돌아보니 아롱이가 저 멀리서 달려오고 있었다. 깎을 때가 지난 털이 아롱이 눈을 덮었고, 뛰어다닌 탓에 온몸은 헝클어져 있었다. 또 어제 비가 와서 물기가 있는 풀밭을 뛰어다녀 그런지 다리와 주둥이 주위는 온통 흙투성이였다. 하지만 함께 신나게 뛰어다니며 장난치고 놀았던 나는 이런 아롱이가 평소보다 더 귀엽고 사랑스러웠다.

차를 타고 집에 돌아오는 동안 아롱이는 생태공원에까지 데리고 와서 즐겁게 놀아준 아빠가 너무 고맙다는 듯이 내 무릎 위에서 엉덩이를 찰싹 붙이고 앉아 꼼짝도 하지 않았다. 집에 와서 목욕을 시키고 털을 말려주었더니, 조금 전까지 영락없이 떠돌이 개 같았던 아롱이는 다시 세상 어떤 개보다도 예쁘고 사랑스러운 새하얀 백설이가 되어 거실을 후다닥 뛰어다녔다.

'세계 강아지의 날'이 있다는 것을 오늘 처음 알았다. 세계 강아지의 날이 도대체 어떤 날인지, 무슨 의미가 있는지 궁금해서 인터넷으로 검색을 해보았다. '세계 강아지의 날(World Puppy Day)'은 3월 23일이다. 이날은 미국의 동물복지 및 동물행동 전문가이면서 반려동물 보호 운동가인 콜린 페이지(Collen Paige)가 주도하여, 반려견에 대한 관심 및 인식 개선과 유기견 입양 문화 정착을 위해 제정한 날이다. 또 8월 26일은 반려견의 소중함을 기억하기 위한 '세계 개의 날(International Dog Day)'로 반려견의 복지와 건강을 증진하고 반려견과 인간의 유대감을 강화하기 위한 날이라고 한다. 이외에 '검은 개의 날(Black Dog Day)'은 입양률이 낮은 검은 개에 대한 편견을 없애기 위한 날로 10월 1일이다. 또 8월 8일 '세계 고양이의 날(International Cat Day)', 9월 9일 '한국 고양이의 날' 등도 있다.

사실 이런 기념일들이 공식적으로 지정된 것은 아니겠지만, 어쨌거나 반려동물을 위한 날이 있는 것이 없는 것보다는 좋지 않을까 싶다. 다만 '빼빼로 데이'나 '밸런타인데이', '화이트데이'처럼 상업적 소비로만 이용되지는 않았으면 하는 바람이다. 반려동물을 위한 기념일들이 언제 어떻게 생겨났는지는 명확하지 않지만, 그 취지가 반려동물에 대한 관심을 높이고 보호 문화를 확산하자는 데 있다면 나쁘지 않다고 본다. 그리고 이때까지 유기견이나 유기묘를 입양해서 키우면 분리불안 등 여러 가지 문제로 너무 힘들 것 같아 입

양에 대해서 전혀 고려해 보지 않았는데, 언젠가 또 다른 반려동물을 키우게 된다면 유기견이나 유기묘를 입양하는 것도 고려해 보아야겠다.

오늘 늦잠으로 친구들을 보지 못하고 운동도 못 했지만 아롱이와 즐거운 시간을 보낼 수 있었고, 또 '세계 강아지의 날'처럼 동물을 기념하는 날도 있다는 것을 알게 되어 나름대로 의미 있는 하루였다. 우리가 반려동물이나 다른 동물들을 위한 기념일을 제정해서 기념하고 기리는 것도 좋지만, 이런 날과 상관없이 반려동물을 포함한 모든 동물의 생명을 소중하게 여기고 존중하는 것이 더 중요하지 않을까. 나아가 반려동물뿐만 아니라 인간에게 환영받지 못하는 동물이나 식물도 그 존재 가치를 인정받고 존중받는 사회, 그런 문화가 하루빨리 정착되기를 바란다.

애완견과 반려견, 주인과 반려인

지금까지 우리는 개를 키우는 사람을 주인 혹은 견주라고 부르는 것을 당연하게 생각해 왔다. 보리를 처음 키웠을 때, 나 역시 보리의 주인이라고 생각했다. 보리에게 나를 아저씨라고 호칭했는데, 그 호칭 속에는 여전히 나는 주인이고 보리는 내가 키우는 애완견이라는 인식이 자리하고 있었던 것 같다. 그런데 아롱이가 우리 집에 올 때를 전후해서는 호칭이 아빠로 바뀌었는데, 그때도 아마 나는 여전히 나를 아롱이의 주인이라고 여겼던 것이 아닐까 싶다.

그런데 정확하게 기억은 나지 않지만, 어느 순간부터 나를 아롱이의 '주인'으로 호칭하고 나서는 왠지 마음이 편치가 않았다. 내가 '주인'이라면, 아롱이는 물건이나 노예인가? 하는 의문이 들기 시작했다. 그런 과정을 겪으면서 나도 모르게 주인이라고 말하면, 아롱이에게 미안한 생각이 들어 급하게 아빠로 정정하곤 했다. 사소한 문제 같지만, 개와 개를 키우는 사람을 어떻게 호칭하느냐에 따라서 개를 대하는 태도나 양육 방식, 책임감, 동물의 법적 지위 등이 달라지는 출발점이 될 수 있다. 그러니 개와 그 보호자 사이의 호칭은 단순한 말의 문제가 아닌 매우 중요한 문제이다.

이 글을 처음 쓰려고 했을 때 가장 고민했던 것 중의 하나는 개와 개를 키우는 사람에 대한 호칭 문제였다. 물론 지금은 당연히 나는 아롱이의 아빠이고, 아롱이는 사랑하는 가족이자 예쁜 딸이다. 우리 가족 안에서는 이런 호칭이 자연스럽지만, 개를 키우지 않는 사람들에게는 여전히 낯설거나 공감되지 않을 수도 있다. 아롱이와의 관계만 본다면 거리낌 없이 '아빠'라는 호칭을 쓰면 되지만, 더 보편적인 소통을 위해서는 모두에게 공감되고 통용되는 호칭이 필요하다는 생각이 들었다.

예전에는 집에서 기르는 개를 '애완견'이라 불렀지만, 최근에는 '반려견'이라는 용어가 널리 사용되고 있다. '개'나 '강아지'라는 호칭은 개체명이니까 상관없지만, '애완견'이라는 용어는 장난감이나 놀잇감 같은 수단적, 도구적 의미가 담긴 호칭이기 때문에 문제가 될 수 있다.

실제로 애완견(愛玩犬)은 사전적으로 '좋아하여 가까이 두고 귀여워하며 기르는 개'를 뜻한다. 여기에는 사람의 취미나 즐거움을 위해 키워지는 대상으로 개를 바라보는 시선이 담겨 있다. 애완동물이나 애완견이라는 말은 인간이 좋아하는 동물이라는 점에서는 긍정적인 측면도 있지만, 동물이나 개를 수단이나 도구로 여긴다는 점에서 인간과 개, 인간과 동물의 관계에 있어서 부정적으로 작용할 여지가 많다.

반면, 반려견(伴侶犬)이라는 호칭은 비교적 최근에 자리 잡은 용어이다. 1983년 10월 오스트리아 과학 아카데미(Austrian Academy of Sciences)가 세계적 동물행동학자인 콘라트 로렌츠(Konrad Lorenz) 탄생 80주년을 기념하기 위하여 주최한 국제심포지엄에서 "사람과 함께 사는 동물을 'Pet'이 아닌 'Companion Animal'로 부르자."라는 제안이 이루어지면서 반려동물이라는 말이 처음 사용되기 시작했다.

본래 반려(伴侶)라는 말은 '짝이 되는 동무'나 '인생을 함께하는 자신의 반쪽 짝' 즉, 결혼한 상대방을 지칭하는 단어였다. 하지만 동물단체가 애완동물을 대체하는 명칭으로 반려동물이라는 용어를 사용하면서 의미가 확장되었다. 따라서 지금은 반려의 의미를 '짝이 되는 사람'을 넘어서 '짝이 되는 존재'로 이해하는 것이 타당하다 할 것이다.

반려라는 말의 의미에 비추어 볼 때, 반려견이라는 용어는 개를 단순한 애완동물이 아닌 함께 살아가는 동반자, 혹은 가족의 구성원으로 보는 입장이다. 즉 개를 단순히 인간의 즐거움을 위해 기르는 동물이 아니라, 정서적 교감을 나누는 동반자 혹은 반려자로 보는 입장인 것이다. 그러므로 반려견이라는 말 속에는 사람과 더불어 살아가는 존재라는 의미와 함께, 개에 대한 보호와 양육을 위한 책임감 그리고 개에 대한 인간의 존중 의식이 담겨 있다. 우리가 개를 반려견으로 호칭하면 자연스럽게 개를 기르는 사람은 반려인이 된다.

하지만 현실에서 '반려인'이라는 말은 아직 일상적으로 많이 쓰이지 않는 듯하다. 여전히 '주인'이나 '견주'라는 표현이 널리 쓰이고 있고, 점차 '보호자', '양육자', '반려인' 등의 용어로 전환되는 과도기에 있다고 볼 수 있다. 이런 호칭 사용은 문화적 습관뿐 아니라, 현행 민법에서 개를 소유물로 간주하는 법적 해석과도 맞물려 있다. 개를 키우는 사람은 반려인이라고 부르는 것이 제일 좋다고 생각하지만, 반려인이라는 호칭이 어감이나 맥락적으로 어색한 경우도 있다. 나도 아직 익숙하지 않아서 그런지 나도 양육자나 보호자라는 말이 더 편하다.

이전에는 아롱이에게 종종 주인이라는 말을 사용했었는데, 그럴 때면 괜히 미안한 마음이 들었다. 왜냐하면 노예제도가 있던 전통 사회에서는 노예가 물건이고 소유물이었던 것처럼 내가 주인이면 아롱이는 내 물건이고, 소유물이 되기 때문이다. 그래서 아롱이에게 "인마, 강아지가 주인한테 그러면 안 되지."라고 해놓고는 금방 "아빠한테 그러면 안 되지."라고 수정하기도 한다. 사회 통념상이나 현행 민법상으로 아직 개는 주인의 소유물이 맞기 때문에 그 말이 틀린 말은 아니지만, 그래도 가급적 주인이라는 말보다는 반려견을 키우는 반려인이라는 말을 사용하는 것이 바람직할 듯하다. 물론 개가 주인이라고 하는지 반려인이라고 하는지 구분하여 알아듣지는 못하겠지만, 키우는 사람이 자신을 어떻게 인식하느냐는 개를 대하는 태도에 큰 차이를 유발할 수 있으므로 무척 중요하다고 할 수 있다.

개를 소유물로 인식하는 사람은 주인이니까 함부로 해도 상관없고, 심지어는 학대하거나 살상해도 내 소유이고 재산이기 때문에 큰 문제가 없다고 인식할 여지가 많다. 아마도 최근 언론에 보도되었던 동물학대 사건들도 대부분 개나 고양이를 소유물로 인식하는 데서 비롯되었다고 여겨진다.

또 어떤 사람은 아빠, 엄마, 언니 등 가족관계에서의 호칭을 개에게 사용하는 것을 부정적으로 보거나 타당하지 않다고 이의를 제기할 수도 있다. 엄격하게 말해 현재의 민법에 따르면 개는 가족이 아니라 소유물로 되어 있으므로 이러한 생각은 충분히 설득력이 있다. 하지만 개를 가족처럼 여기며 살아가는 이들에게 그러한 호칭은 자연스러우며, 정감 있는 표현으로 이해하면 될 것 같다.

이 글에서는 일반적으로 개라는 호칭을 사용하였다. 다만 작거나 귀여운 개의 특성을 표현해야 할 때에는 강아지라는 호칭을 사용하였고, 반려인과 관련한 내용에서는 반려견이라는 호칭을 사용하였다. 특정 부분에서는 아롱이를 개의 통칭으로 사용하였으며 경우에 따라서 아롱이나 개를 '아이'라고 호칭한 경우도 있다. 또 개를 키우는 사람은 문맥과 상황 그리고 현재 우리 사회의 현실을 고려하여 주인, 견주, 양육자, 보호자, 반려인 등의 호칭으로 혼용하였으며, 아롱이와의 관계에서는 주로 아빠라는 말을 사용하였다.

마지막으로 하나 더 고민한 것은 '키운다'라는 표현이었다. 본래 우리는 자녀를 '키운다', '기른다'라는 말을 많이 사용한다. 이 말이 틀린 말은 아니지만 교육적인 측면에서 생각해 보면, '키운다'와 '기른다'라는 '키우다'와 '기르다'라는 동사에서 나왔다. 이들은 타동사이기 때문에 키우는 사람이 키우는 대상을 의도하거나 타율적으로 키우는 것을 의미하므로, 아이들은 키움을 당하는 대상인 수동적인 존재가 된다. 그래서 가급적 '키운다', '기른다'라는 말보다 아이들은 스스로 '자란다'라는 용어를 사용하는 것이 좋다고 생각해 왔다. 하지만 개에 대해서 '스스로 자란다'라고 하기는 어색한 느낌이 있어서, '키운다', '기른다'라는 말을 그대로 사용하려니까 개를 너무 대상화하거나 소유물처럼 대하는 것 같았다. 고민한 결과 '양육하다'라는 표현이 적절해 보이지만, 이 말은 '아이를 보살펴서 자라게 하다'라는 사전적 의미를 지녀 주로 사람에게 해당하는 말이므로 사용이 망설여지기도 했다.

개가 감정과 사고 능력을 가진 존재인 건 분명하지만, 인간처럼 고도의 지성과 신념을 가진 존재와는 구분되는 면도 있다. 그래서 이 글에서는 '키운다', '기른다'라는 말을 사용하되, 그 안에 사랑과 정성, 돌봄과 보살핌의 의미를 담아 표현하고자 했다. 때에 따라서 '양육한다'라는 말도 사용하였으며, 이 표현이 불편하게 느껴질 경우에 '함께 사는' 혹은 '함께 생활하는'이라는 표현으로 대신했다.

이렇게 개와 개를 키우는 사람 그리고 관련 용어를 장황하게 설명한 이유는 이러한 호칭이나 용어의 사용이 반려인과 반려견의 관계에 있어서 무척 중요하다고 생각하기 때문이다. 그리고 무엇보다도 내가 아롱이를 진정한 가족구성원으로, 삶의 동반자로 여기기 때문이다. 나는 반려인이고, 아롱이는 반려견이라는 말 속에는 아롱이를 평생 보호하고 책임지겠다는 아롱이에 대한 나의 약속이 포함되어 있다. 반려견이라는 호칭에는 반려인에 대한 믿음이, 반려인이라는 호칭에는 반려견을 향한 책임이 함께 들어 있는 것이다.

야구선수 오타니 쇼헤이, 정말 멋있다

나는 세계적인 야구 스타 오타니 쇼헤이 선수를 무척 좋아한다. 오타니 선수를 좋아하는 것은 무엇보다도 내가 야구를 좋아하기 때문이고, 그가 야구를 정말 잘하기 때문이다. 투타 겸업으로 유명한 오타니 선수는 2024년에는 부상으로 타자로만 출전했다. 오타니 선수의 2024년 메이저리그에서 기록을 보면 타율 3할 1푼 2리(2위), 54홈런(2위), 130타점(1위), 59도루(2위)를 기록하여 아메리칸리그에서 2021년, 2023년에 이어 2024년에도 MVP를 차지했다. 그것도 만장일치로. 오타니는 홈런 하나가 부족하여 55홈런-55도루는 달성하지 못했지만, 그가 달성한 50홈런-50도루 클럽은 메이저리그에서도 역사상 최초의 기록으로, 그는 메이저리그에서 새로운 역사를 썼다. 그야말로 어린 시절에 즐겨 보았던 만화나 영화에 등장하는 '독고탁'이나 '까치'보다 더 뛰어난 선수이다.

일본에 대한 역사적 감정으로 일본인을 선뜻 좋아하지 않는 분위기가 여전히 우리나라 국민들에게 남아 있음에도 불구하고, 오타니는 한국에서도 K팝 아이돌 못지않은 인기를 누리고 있다. 이러한 오타니의 인기는 지난해 메이저리그 '서울 시리즈' 경기를 위해 방한했을 때 여실히 증명되었다. 내가 오타니 선수를 좋아하게 된 이유는 오타니가 야구를 잘하기 때문이지만, 야구 실력 이상으로 멋진 그의 인성 때문이기도 하다. 오타니 선수는 야구선수였던 아버지의 체계적인 교육으로 기본기와 올바른 인성을 배운 것으로 알려져 있다.

우선 오타니는 운동선수에게 가장 중요한 자기관리가 철저하고 성실하며, 모든 사람에게 공손하고 겸손하다. 오타니의 멋진 인성은 볼보이와 배트보이에 대한 배려, 장소를 가리지 않고 행운을 줍는다는 마음으로 떨어진 쓰레기를 줍는 생활 태도, '월드 베이스볼 클래식(WBC) 2023'에 출전한 전기기사인 체코 투수에 대한 존경 표시에서도 알 수 있다. 또한 'WBC 2023'에서 일본이 우승한 후 한국팀이나 대만팀에 대한 배려 인터뷰, 그리고 '2024 프리미어리그'에서 대만의 우승 후 대만의 실력에 대한 인정 인터뷰 등에서도 잘 드러난다.

최근에 오타니를 더 좋아하고 존경하게 되었다. 그 이유 또한 오타니가 보여준 타인에 대한 배려와 동물 등 생명에 대한 존중, 그리고 실천 때문이다. 오타니 선수가 2024년 전미야구기자협회(BBWAA) 뉴욕지부가 주최한 100주년 기념 및 시상식 만찬에 불참

하면서 만찬에 보낸 영상에서 "올해 시상식 만찬에 참석하지 못해 죄송하다. 최근 로스앤젤레스(LA)에서 발생한 화재가 우리 모두에게 영향을 미쳤기 때문에 우리 가족은 여러 가지 이유로 참석이 어려웠다."라고 양해를 구했다. 이어 그는 "집과 사랑하는 사람을 잃은 모든 가족, 화재로 피해를 본 모든 사람, 집을 잃은 모든 동물을 위해 기도한다."라고 위로를 건네기도 했다. 이에 앞서 오타니는 이미 지난 1월 17일 LA 산불 피해 복구를 위해 50만 달러(약 7억 원)를 기부하며 안타까움을 드러내기도 했다. 기부 당시에도 오타니는 자신의 SNS에 "LA에서 발생한 화재에 우리를 위해 계속 싸워주시는 소방관 여러분께 진심으로 감사드린다. 소방관분들과 피난 생활을 해야만 하는 분들, 지원이 필요한 동물들을 위해 미력하지만, 50만 달러를 기부하겠다."라고 밝힌 바 있다.

영광스러운 자리에 참석을 마다하고 산불로 집과 사랑하는 사람을 잃고 힘들어하는 이재민들과 산불 진압을 위해 수고하는 소방관들을 먼저 위하고 배려하는 마음, 거기에다 산불의 또 다른 피해자인 동물들을 위해 기도하며 이들의 지원을 위해 기부하는 마음에 나는 솔직히 가슴이 뭉클했다.

지금까지 우리나라에서도 산불로 인해 많은 사람이 피해를 보고, 산림이 불타고 자연이 훼손되는 것을 보면서 나도 '피해를 당한 분들이 참 안 됐다'라거나 '산림 훼손이 너무 심각해서 큰일이다, 환경이 복원되는데 얼마나 긴 시간이 걸릴까'라는 걱정을 했다. 하지만 스스로 이들을 위한 기부나 지원, 도움을 실천하지는 못했다.

사실 못했다기보다는 하지 않았다고 해야 할 것이다.

오타니를 보면서 참 많은 반성이 되었다. 나는 대학에서 학생을 가르치는 교수이기도 하고, 아롱이를 키우면서 동식물에 관심을 많이 갖고 있고, 그들을 위해서 좋은 일을 하고 싶다는 생각을 하면서도 이런 생각과 실천을 하지 못했다는 점이 참 부끄럽게 느껴졌다.

좋은 생각과 그것을 몸으로 실천하는 오타니 선수는 정말 멋있다. 훌륭한 사람은 생각하는 것에서 나아가 생각한 것을 실천하고 결행하는 사람이다. 오늘 또 멋진 오타니 선수에게 한 수 배웠다. 역시 모든 사람이, 모든 만물이 스승이라는 말이 맞다.

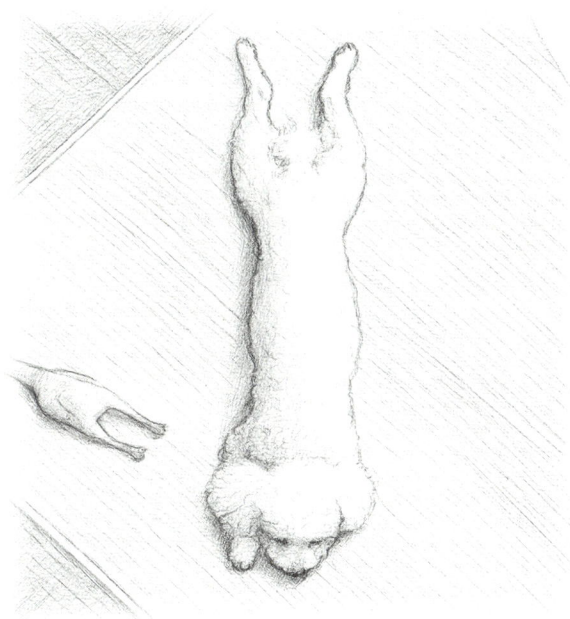

누구 편을 들어야 할까

우리 아파트 정문 옆에는 작은 연못이 하나 있다. 연못은 나무들과 수국 등 예쁜 꽃들로 둘러싸여 있다. 그리고 연못 중간쯤에는 연못을 가로지르는 나무로 된 예쁜 구름다리도 있다. 내가 이 연못을 좋아하기 때문에 아롱이와 산책을 하는 날은 거의 빠지지 않고 이곳을 들른다. 그리고 아롱이와 함께 꼭 이 예쁜 구름다리를 건넌다. 아빠의 마음을 아는 아롱이는 이제 연못 근처에 가면 알아서 그곳으로 앞장서서 간다.

이 연못이 좋은 이유는 주변도 예쁘고 연못이 크지는 않지만, 그 속에 자연의 생태계가 생생히 살아 숨 쉬고 있기 때문이다. 그 좁은 연못 속에 금붕어, 미꾸라지, 버들치, 피라미 같은 물고기들과 논고동, 수초, 갈대 등 다양한 수중 생물들이 살고 있다. 사실 처음에는 연못에 금붕어만 살고 있는 줄 알았다. 그런데 자세히 보니까 그곳에는 이름 모를 여러 물고기와 작은 생명체들이 많이 살고 있었다. 갈 때마다 새로운 종이 보이고, 눈에 겨우 보이는 작은 치어를 발견하기도 했다. 또 신기한 것은 작은 물고기들이 어느새 자라서 제법 커 있는 경우도 있고, 며칠 만에 개체수가 많이 늘어나 있는 경우도 있다. 두루미가 날아와서 잡아먹기 직전에는 금붕어 개체수가 너무 많아서 걱정이 되기도 했다.

경비실 직원의 말씀으로는 연못에 금붕어들이 많아져서 그런지 물고기를 잡아먹기 위해 고양이도 자주 나타나고, 근처 산에서 족제비나 오소리도 내려온다고 했다. 또 언제부턴가 두루미가 날아와 연못의 물고기들을 잡아먹는다고 했다. 하천이나 호수 그리고 늪지나 숲속 같은 곳에 사는 두루미가 강이나 호수도 아니고 숲도 아닌 아파트 연못에 살고 있는 물고기들을 어떻게 찾아냈는지 궁금했다. 멀리 떨어져 살고 있거나 높이 나는 두루미가 그곳에서 물고기들을 어떻게 발견했을까? 비린내를 맡고 날아왔을까? 아니면 산속이나 하늘에서 물고기들이 연못에 헤엄쳐 다니고 있는 것을 직접 보고 날아왔을까? 이런 생각이 드니 두루미들의 탐색 능력이 정말 신기하면서도 대단하게 느껴졌다. 걱정스러울 정도로 개체수가 늘어났던 금붕어들이 어느 순간 두루미에 의해 개체수가 줄어들며 적절하게 조절되는 것을 보면서 생태계의 자연스러운 조절 능력에 새삼 감탄하게 되었다.

가끔은 고양이가 연못의 가장 얕은 곳 근처에 있는 돌 위에 웅크리고 있는 모습을 목격한다. 아마도 돌 위에 웅크리고 있다가 얕은 곳으로 지나가는 물고기들을 잡아먹기 위해서인 것 같았다. 또 어떤 날은 비둘기나 까치가 연못의 돌 위에 내려앉아 있었다. 얕은 물 속에 있는 물고기들을 잡아채기 위한 것인지, 물을 먹기 위한 것인지는 몰라도 물을 튕기면서 수면 위에 급하게 내려앉거나 공격하는 것 같은 모습을 보기도 했
다. 간혹 물가에 비둘기 털이 여기저기 흩어져 있을 때면, 혹시 비둘기들이 물고기들을 잡아먹기 위해 돌 위에 내려앉았다가, 고양이나 족제비의 공격을 받아서 잡아먹혔거나 겨우 도망친 것이 아닐까 하고 생각되었다. 작은 연못이긴 하지만 이곳에는 자연 생태계의 순환이 그대로 작동하고 있었다.

　아롱이와 함께 연못가에 갔을 때 고양이가 웅크리고 앉아 있거나, 비둘기가 근처에 있으면 일단 쫓아낸다. 이렇게 쫓아버렸던 것은 약자를 보호해야 한다는 본성적인 측은지심이 발동했거나, 우리 아파트 금붕어들이니까 우리가 보호해 주어야겠다는 생각이 들어서 나도 모르게 그렇게 행동했던 것 같다. 하지만 가만히 생각해 보면, 금붕어들을 공격하는 고양이나 비둘기들을 쫓아내는 행동이 과연 옳은 일인지 정확하게 판단이 서지 않는다. 왜냐하면 자연스러운 생태계의 순환을 위해서는 가급적 인간이 개입하지 않는 것이 바람직하기 때문이다.

한편으론 내가 너무 인간 중심적인 입장에서 판단하고 행동한 건 아닐까 하는 생각도 들었다. 관리사무실에 금붕어들을 보호하기 위해 연못 수위를 일정하게 유지해 달라고 요청해 놓고, 정작 고양이나 비둘기를 인위적으로 쫓아버리는 나의 행동은 어쩌면 모순된 행동이 아닐까? 우리가 자연을 보호해야 하는 것은 맞지만, 지나치게 인간 중심으로 인간만을 위해서 자연을 보호하는 것은 또 다른 문제를 초래할 수 있다. 그러므로 인간과 자연의 공존을 위한 자연보호, 환경보호가 되도록 고민해야 한다. 가급적 인간의 개입을 최소화하고, 자연 스스로 생태계를 유지하고 보존할 수 있도록 생태 환경을 조성하는 것이 바람직하다.

종종 강가나 늪지, 공원 등의 새들을 공격하는 고양이들에게 먹이를 주는 것을 두고 단체나 기관 간의 갈등이 기사화되는 경우가 있다. 길냥이에게 먹이를 주어야 된다는 의견과 주지 말아야 한다는 양측의 주장은 모두 일리가 있다. 길냥이의 개체수가 급격하게 늘어나는 것을 방지하기 위해 중성화 수술을 하는 정도면 모르겠지만, 지나치게 인위적으로 인간이 개입하면 또 다른 문제를 초래할 수 있으므로 신중하게 접근할 필요가 있다. 본래의 자연, 즉 대자연의 전형이라고 할 수 있는 우주는 조화롭고 질서가 있다. 우주를 의미하는 'Cosmos'라는 용어가 우주라는 뜻 외에 조화, 균형,

질서, 일치 등의 의미를 지니는 것은 아마도 우주 또한 이러한 자연의 질서와 조화, 균형으로 운행되기 때문일 것이다. 우주를 포함한 대자연, 그리고 우리 주변의 자연은 그 자체가 조화롭고 균형 잡혀 있으며, 고유한 질서가 있다.

최근 들어 이상기후, 지구온난화 등의 기상이변으로 인해 지구촌 곳곳에 태풍, 홍수, 가뭄, 산불, 해일 등이 빈발하여 인간을 위협하고 있다. 앞으로는 지금보다 훨씬 더 강력한 자연재해나 심각한 환경문제가 인간을 위협할 것이다. 이러한 문제는 결국 인간의 과도하고 이기적인 욕심과 욕망으로 비롯된 개발과 환경파괴로 인해, 생태계가 자정 능력을 상실한 결과라고 할 수 있다. 다소 늦은 감이 있지만, 지금부터라도 자연의 회복과 생태계의 균형을 위해 우리가 할 수 있는 최선의 노력을 다해야 한다.

본래의 자연은 조화롭고 질서가 있으며, 자정 능력이 있다. 인간의 이익이나 편리, 인간만을 위한 생태계에의 개입은 반드시 인간에게 치명적인 위해(危害)와 재앙으로 닥쳐올 가능성이 크다. 인간과 동물, 인간과 식물, 인간과 세상 만물이 함께 잘 살 수 있도록 모두의 입장을 고려해서 판단하고 행동해야 한다. 이제 인간의 이익만을 위한 인간 중심적 개입이나 종 차별적 사고에서 벗어나 생명 있는 모든 것이 조화와 균형을 이루며 함께 살아갈 수 있는 세상을 만들 수 있도록 해야 한다.

인간이 존엄한 존재이고, 존중받아야 할 존재라면 그에 걸맞은 판단과 행동을 해야 한다. 이 세상에 존재하는 모든 존재(자)의 편

에 서서 이해하고 배려하며 함께 살아가는 삶을 살 때, 비로소 인간 존중은 실현되고 인간의 존엄성도 진정한 의미를 가지게 될 것이다.

인간이 모든 존재의 편에 선다는 것은, 단순히 모든 존재를 오직 자신의 이익이나 욕심을 위해서 마음대로 다루거나 자기중심적으로 지배하는 것이 아니다. 그것은 다른 존재가 지닌 고유한 권리와 가치를 인정한다는 뜻이다. 곧 식물, 동물 등 모든 생명을 존중하고 나아가 무생물에 이르기까지도 그 존재 가치를 인정함으로써 더불어 살아가는 삶의 태도를 견지하는 것이다.

존엄한 인간이란 결국 다른 존재들의 존엄성과 권리를 인정하고, 더불어 살아가려는 태도를 가진 인간이어야 하지 않을까.

아빠는 식견종

제411회 국회(임시회) 제4차 본회의에서 '개의 식용 목적의 사육·도살 및 유통 등 종식에 관한 특별법안(대안)'이 가결되었다. 「개 식용 종식 특별법」 제정에 따라 3년 후인 오는 2027년부터 우리나라에서도 개 식용을 위한 사육·도살·유통·판매 등이 법으로 금지된다. 다소 늦은 감이 있지만, 그래도 정말 다행이다. 요즘 정치인들, 특히 국회의원들만 보면 짜증이 났는데, 오랜만에 국회의원들이 본연의 역할을 한 것 같아 반가웠다.

솔직히 말하면, 개 식용에 대해 나는 할 말이 없다. 왜냐하면 나도 보리와 아롱이를 키우기 전에는 개를 식용으로 생각했고 실제로 먹기도 했기 때문이다. 20~30년 전만 해도 불교 신자나 전생을 믿는 사람들처럼 특별한 경우를 제외하면, 개고기에 관해 호불호(好不好)는 있어도 먹는 것에 대해서는 크게 문제시하지 않았다. 그때만 해도 특별한 신념을 가진 사람들을 제외하고는 보신탕 문화가 일반적이었다. 그래서 프랑스의 여배우 브리지트 바르도(Brigitte Bardot)가 "개고기를 먹는 한국에서 올림픽을 개최해서는 안 된다."라며 반대 운동을 전개했을 때, 나는 그녀를 다른 나라의 문화 다양성을 이해하지 못하는 '문화우월주의자'라고 비판했다. 하지만 지금은 그녀가 왜 그런 말을 했는지 조금은 이해할 수 있을 것 같다.

사실 나도 그때는 개고기를 먹는 것이나 소고기, 돼지고기, 닭고기를 먹는 것이나, 별반 다르지 않다고 여겼다. 하지만 보리와 아롱이를 가족으로 받아들인 이후부터는 개고기를 입에 대지 않게 되었고, 그와 동시에 다른 동물들을 먹는 일에 대해서도 다시 생각하게 되었다. 왜냐하면 개고기를 먹지 않으면 소고기, 돼지고기 외에 물고기까지도 먹지 말아야 하는 것이 아닐까 하는 의문이 들었기 때문이다.

예전에 초·중학생들을 대상으로 철학교실을 운영하면서 '개고기를 먹어도 되는가?'라는 주제로 찬반 토론을 진행한 적이 있다. 찬성하는 학생들은 '소, 돼지, 닭은 먹으면서 왜 개는 안 되느냐'고 주장했고, 반대하는 학생들은 '소나 돼지와 닭은 애완동물이 아니기 때문에 먹어도 되지만, 개는 사람과 가까운 애완동물이기 때문에 안 된다'라고 주장했다. 그때 나는 토론 수업의 진행자였기 때문에 의견을 밝히진 않았지만, 양쪽 모두 일리가 있다고 느끼면서도 마음 한편에 의문이 들었다. '만약 개는 애완동물이고, 사람과 가까워서 먹으면 안 된다면 소와 돼지, 닭은 사람과 멀기 때문에 먹어

도 되는 걸까? 식용과 애완용은 누가 어떻게 구분하는가? 개는 본래 애완용일까? 한우는 본래 식용일까?'

과거에는 개가 식용 목적의 가축이었던 적도 있었다. 개고기를 처음 먹었다고 기록되어 있는 삼국시대에는 서민들의 단백질 보충을 위한 식용으로 여겨지기도 했고, 지금도 식용을 목적으로 사육되는 개들이 있는 것으로 알고 있다. 한우 역시 지금은 식용으로 인식되지만, 농경시대에는 식용보다는 농사의 중요한 수단이면서 귀중한 재산이었다. 이런 관점에서 보면 '개는 먹으면 안 되고 소, 돼지, 닭 등 가축은 먹어도 된다'라는 구분이 그리 설득력 있어 보이지 않는다.

또 어떤 사람들은 소, 돼지, 닭, 오리, 염소 같은 동물은 식용이며, 인간과 함께 살아가는 반려동물이 아니라고 말한다. 그뿐만 아니라 감정이나 생각이 없거나, 있다 하더라도 개보다 못하기 때문에 먹어도 괜찮다고 할 수 있다. 그러나 내 어린 시절의 기억이나 요즘 영상 콘텐츠를 통해서 접하는 동물들의 모습은 많이 다르다. 실제로는 많은 동물이 말을 알아듣고, 사람과 교감하며 감정과 생각을 지니고 있음을 볼 수 있다.

아롱이와 함께 살아서 그런지 「개식용종식법」이 다행이라 여겨지면서도 한편으론 내가 여전히 다른 동물들을 먹고 있다는 사실이 이율배반적으로 느껴진다. 예전에는 채식주의자들을 잘 이해하지 못했지만, 지금은 그들의 선택을 충분히 이해할 수 있다. 그래서 가끔은 비건 식당에도 간다.

아직 나는 채식주의자는 아니다. 물론 고려는 하고 있기에 언젠가 채식주의자가 될지도 모른다. 다만 아직 육식이 나쁘다고 여기지는 않는다. 왜냐하면 자연은 먹고 먹히는 먹이사슬 위에 존재하며, 그것이 생태계의 균형을 유지하기 때문이다. 호랑이나 사자가 초식동물을 잡아먹는 것을 나쁘다고 말할 수 없는 것처럼, 인간이 식물이나 동물을 섭취하는 것도 자연의 섭리이고 자연스러운 일이다.

다만 중요한 것은 '얼마나, 어떻게' 먹느냐이다. 인간이 먹고살기 위해 필요한 만큼 먹는 것은 자연의 섭리일 수 있다. 그러나 더 많이, 더 맛있게, 더 특별하게 먹기 위해 다른 생명을 고통스럽게 하고, 실험과 사육으로 착취한다면 그것은 분명히 문제다. 그런 일은 금지되거나 최소화되어야 한다.

아롱이의 입장에서 보면 나는 아롱이의 조상을 먹은 식견종이다. 아롱이가 만약 이 글을 읽는다면, 나를 더는 아빠로 여기지 않을지도 모른다. 생태공원을 다녀와서 그런지 일찍부터 꿈나라에 간 아롱이가 방금 '푸우' 하고 한숨을 쉰다. 혹시 내 글을 엿본 것은 아닌지 모르겠다. 어쨌든 아롱이에게 정말 미안한 마음이다.

동물학대, 식물학대

　동물학대에 관한 내용이 언론을 통해 연일 보도되고 있다. 개나 고양이 등 반려동물을 잔인하게 죽이거나 괴롭히는 것은 물론 아예 물이나 먹을 것을 주지 않아 굶겨 죽이는 일도 있다. 개를 차에 매달아 질질 끌고 다니는 사람이 있는가 하면 입을 묶은 채로 버리거나 살아 있는 개를 머리만 내놓고 땅에 파묻은 사건도 있다. 이유 없이 길냥이를 석궁으로 쏘아 괴롭히거나 반려견에게 비비탄을 난사하여 상처를 입힌 경우도 있다. 또 경기도의 한 지역에서는 유기견을 데려와 굶겨 죽인 뒤 방치한 것으로 보이는 개 사체 수백 구가 발견됐다는 충격적인 보도도 있었다.
　한 동물권 단체에서는 "얼굴에 큼지막한 비즈에 몸에는 문신을 하고 큐빅까지 박은 강아지를 자동차가 쌩쌩 다니는 도로 전봇대에 묶어놓고 주인은 가게에서 술을 마시고 있는데, 강아지는 그런 주인도 주인이라고 주인 곁에 가고 싶어서 낑낑거리고 있었다."라며 사회관계망 서비스(SNS)에 그 모습을 공개했다. 이 기사를 보면서 너무나 마음이 언짢고 불편했다. 사람 같으면 그런 주인은 쳐다도 보지 않거나 욕하고 미워했을 텐데, 강아지는 그런 주인도 좋다고 옆에 가고 싶어 한다는 생각을 하니 마음이 너무 아팠다.

동물학대는 언제부터 있었을까? 동물학대란 용어조차 없었던 옛날에도, 동물에 대한 학대는 분명히 존재했다. 특히 개나 고양이는 그 당시로는 몸에 좋다거나 약으로 쓴다는 명분 아래 지금보다 학대가 훨씬 더 많았을 것이다. 그러나 당시에는 동물학대에 대한 인식도 부족했고, 언론 또한 지금처럼 발달하지 않아 이러한 실태가 널리 알려지지 않았을 것이다.

사실 아동학대, 노인학대 등 인간도 학대당하는 시대에 동물학대가 무슨 큰 대수냐고 생각하는 사람도 있겠지만, 동물학대는 단순한 도덕적 문제를 넘어서 명백한 범죄행위다. 「동물보호법」제8조에 따라 금지된 행위이며, 위반 시 징역이나 벌금 등 형사처벌을 받을 수 있다. 또 동물학대를 자행하는 사람들은 기본적으로 생명의 소중함이나 경외심이 결여되어 있는 경우가 많다. 그러므로 동물학대에 그치지 않고, 사람을 포함한 모든 생명을 대상으로도 폭력이나 학대를 행사할 수 있다는 점에서 심각한 사회 문제로 이어질 가능성이 있다.

사람들은 왜 동물을 학대하는 것일까? 사람들이 동물을 학대하는 이유는 다양하겠지만, 나는 세 가지 이유를 들어보고자 한다.

첫째, 동물을 물건이나 소유물처럼 여기는 인식 때문이다. 동물을 학대하는 사람들은 동물을 단순한 물건이나 소유의 대상으로 보고, '나는 주인이기 때문에 내 소유물을 마음대로 해도 된다'라고 여기는 경우가 많다. 반려견을 예로 들면 현재 「동물보호법」이 있기는 하지만, 현행 민법상으로는 여전히 반려견은 소유물이고, 키우는 사람은 주인이다. 반려견이 재산이자 소유물이기 때문에 내가 마음대로 할 수 있는 여지가 충분히 있다는 것이다. 이러한 문제는 현행법으로도 동물학대를 강하게 처벌하지 못하는 원인이 되기도 한다. 결국 여전히 많은 이들이 반려동물을 생명을 지닌 고유한 존재로 보기보다는 단순히 '내 것'이라는 소유로 여기고 있으며, 이러한 인식이 동물학대로 이어지는 것으로 보인다.

둘째, 반려동물은 학대를 당해도 사람처럼 항의하거나 저항하는 등 분명한 의사 표현을 하지 못하기 때문에, 죄책감 없이 학대를 저지르는 사람들도 있다. 동물들도 말로 표현하지 못할 뿐, 나름대로 고통을 느끼고 저항하고 있다. 다만 그들의 의사 표현이 인간에게 제대로 전달되지 않거나 인간이 들으려고 하지 않기 때문에 무시되고 있는 것이다. 사실 표현하지 못한다고 느끼지 못하는 것도 아니고, 작다고 아픔을 느끼지 못하는 것도 아니다. 단지 동물들은 이의를 제기할 능력을 갖추지 못하고 있을 뿐이다. 이런 점에서 볼 때, 동물을 학대하는 사람들은 결국 저항하지 못하거나 표현 능력이 부족한 존재들, 예를 들어 어린이, 장애인, 노인에게도 같은 이유로 학대를 가할 가능성이 높다고 할 수 있다.

셋째, 동물은 아픔, 고통, 분노 등의 감정이나 정서를 느끼지 못한다고 생각하거나 그들의 감정과 생각에 공감하지 못하기 때문에 학대를 저지르는 경우가 있다. 하지만 여러 가지 실험이나 분석 연구의 결과들을 종합해 볼 때, 동물들도 감정을 느낀다는 것을 알 수 있다. 이처럼 동물이 고통을 느끼고 감정을 느낀다는 것은 이미 과학적으로도 밝혀진 사실이다.

실제로 우리 아롱이만 봐도, 나보다 훨씬 더 감정에 민감하고 감정 표현을 잘한다. 다만 내가 아롱이가 표현하는 그 감정을 모두 느끼지 못하고, 이해하지 못할 뿐이다. 그럼에도 많은 사람은 설령 동물들이 감정을 느낀다고 하더라도 그것이 인간과는 다르다고 생각한다. 이런 인식들 때문에 그들의 감정이나 아픔을 공감하지 못하고, 함부로 대하고 학대한다. 결국 동물학대는 인간의 자기중심적 사고방식과 종 차별적인 태도에서 비롯된, 다른 생명에 대한 이해와 존중의 부재에서 기인한 것이라고 할 수 있다.

식물학대도 마찬가지다. 지금까지 몇 번이나 지인들로부터 화분을 선물 받은 적이 있다. 고운 난이나, 예쁜 꽃, 분재 같은 나무들이 담긴 화분들이었다. 처음에는 싱싱했지만, 며칠이 지나면 꽃이 떨어지고, 잎이 시들며 결국 말라 죽었다. 처음엔 관리를 잘 못해서 그러는가 보다 생각하고 화분을 내다 버리기도 했지만, 우연히 죽은 화분의 흙을 다른 화분에 옮기려다 이상한 점을 발견했다. 화분 윗부분에만 흙이 얇게 덮여 있었고, 그 아래는 스티로폼 등으로 채워져 있었던 것이다. 그 후에 시든 화분의 식물들과 나무들을 흙이 충분한 화분에 옮겨 심었더니 대부분 되살아났고, 그 나무나 꽃들은 지금까지 연구실에서 잘 자라고 있다.

이 일을 겪은 후에 대학 운동장이나 근린공원의 나무 중에도 잎이 시들시들하거나 말라 죽어가는 나무들이 보여, 혹시 같은 이유 때문이 아닐까 하고 지인들에게 이야기했다. 그때 함께 자리했던 한 분이, 나무를 옮겨 심을 때 뿌리의 비닐이나 마대를 완전히 제거하지 않아 뿌리가 숨을 쉬지 못하는 경우가 많다고 알려주었다. 이런 일을 겪으면서 모든 직업이 그렇지만, 특히 생명과 관련된 일을 하는 사람은 그 생명에 대한 책임감과 소명을 가져야 한다고 느꼈다.

최근 여러 대학에서 반려동물학과를 개설하는 추세는 매우 고무적이다. 다만, 단순히 학과 개설을 통한 입학생 유치에만 급급해서는 안 된다. 무엇보다도 교육과정 속에 생명 존중과 생명의 존엄성, 동물복지나 동물권과 같은 주제를 먼저 가르쳐, 학생들이 생명에 대한 올바른 이해와 인식을 정립할 수 있도록 하는 것이 중요하다. 그런 기초 위에서 반려동물 교육이나 관련 지식, 사업 등을 가르쳐야 한다. 또 유치원이나 초등학교 때부터 생명의 소중함, 특히 인간뿐만 아니라 살아있는 모든 생명을 존중하고 사랑하는 삶의 태도를 기를 수 있는 교육을 좀 더 강화해 나갈 필요가 있다.

2~3년쯤 전이었던 것 같다. 연구실에 있는 식물과 나무를 정리하던 중, 오랜 시간 연구실에서 같이 지낸 '호야'라는 식물의 줄기가 너무 길게 자란 것을 보았다. 다른 식물들이 자라는 것을 방해하기도 하고, 계속 그대로 두기에는 여유 공간이 없어서 줄기를 자

를 수밖에 없었다. 자른 줄기를 버리려고 하다가 싱싱하게 살아 있는 줄기를 버리기가 너무 미안하고 아쉽기도 해서 우유를 마시고 놓아둔 투명한 병에 물을 담아 꽂아두었는데, 놀랍게도 곱게 뿌리를 내렸다. 몇 년이나 지난 지금도 우유병 속의 호야는 건강하고 예쁘게 잘 자라고 있다. 볼 때마다 대견하게 느껴진다. 어쩔 수 없이 줄기에서 잘려 병 속에서 자라지만, 그럼에도 꿋꿋하게 견뎌낸 호야는 내게 생명의 강인함과 위대함을 일깨워 준다.

주말에는 연구실에 나가서 아가야들에게 인사도 하고, 병 속에서 건강하게 잘 자라고 있는 호야의 물도 좀 갈아주어야겠다.

소나무재선충병을
어찌할꼬

　오래전부터 소나무재선충병이 심각하다는 이야기를 들어왔다. 생각해 보니, 예전에는 우리가 살고 있는 도시 근교에서도 소나무재선충병 방제약을 헬리콥터로 살포한다며 산에 들어가지 말라고 했던 기억이 난다. 그 후에 소나무재선충병은 잊어버리고 있었다. 가끔 트레킹을 하다가 길옆에 말라 죽어가는 소나무를 보곤 했지만, 그때는 '소나무재선충병으로 나무가 죽어가고 있구나' 하는 정도로만 생각했을 뿐이다.

　그런데 최근 친구들과 모임이 있어서 대구를 가다가 소나무재선충병의 심각성을 새삼 실감하게 되었다. 며칠 전, 중학교 동창 모임이 있어서 부산에서 대구로 가는 경부고속도로를 달리고 있었다. 5월의 싱그러운 녹음이 너무 좋아서 기분 좋게 가던 중에, 고속도로 주변의 산에 붉게 물든 단풍 같은 것이 보였다. 그래서 '5월에 무슨 단풍이 들었지?'라고 생각하면서도 '단풍나무인가보다'라고 생각했다. 그런데 도로 가까이 있는 나무를 보니 그것은 붉게 말라죽은 소나무였다.

경부고속도로를 타고 밀양 인근을 지나 청도를 향해 달리고 있는데, 푸른 산 곳곳에 붉게 병들어 죽은 소나무가 보이기 시작했다. 어떤 산에는 소나무란 소나무는 아예 모두 붉게 변해 말라 죽어 있었다. 그때부터 그처럼 아름답게 보이던 녹음은 보이지 않고 붉게 병들어 말라 죽은 소나무만 눈에 들어왔다. 정말 심각해 보였다. 이러다가는 산에 있는 소나무란 소나무는 모두 병들어 죽을 것 같았다. 친구들과 모임을 마치고 부산으로 다시 올 때도, 그 후에 대구에서 열리는 학회를 다시 갈 때도, 눈에 들어오는 건 싱그럽고 푸른 녹음이 아니었다. 가까운 곳에 있는 산, 멀리 보이는 산 가리지 않고 붉게 말라 죽어가는 소나무만 보였다.

사람들 중에는 소나무가 목재로서 별로 가치도 없고, 산불에 취약하다고 주장하는 이들이 있다. 또 봄철에 소나무의 꽃가루인 송홧가루가 날려 알레르기를 유발하거나, 집이나 자동차 등에 쌓여 피해를 주기도 한다. 특히 소나무는 햇볕이 강하고 메마른 땅에서도 잘 자라지만, 수분 증발을 막기 위해 몸에 기름 성분인 송진 등 유지성분을 품고 있어 불에 취약하다. 이것이 산불 확산의 원인이 되기도 한다.

그러나 소나무는 우리나라의 산야에서 가장 흔한 나무로, 우리와 매우 친근하며 오랜 세월 우리 민족과 같이 살아온 대한민국의 대표적인 나무이다. 소나무는 얕고 척박한 환경에도 적응력이 좋아 전국의 모든 산에서 잘 자란다. 냉해에도 강하고 비바람과 엄혹한 추위도 이겨내는 불굴의 기상을 상징하는 상록수로서, 애국가에도 등장한다. 율곡은 세한삼우(歲寒三友)로 송(松)·죽(竹)·매(梅)를 꼽았고, 윤선도는 오우가(五友歌)에서 소나무를 벗으로 여겼으며, 김정희는 어려울 때 자신을 도와준 벗의 고결함을 기리는 마음에서 겨울철 소나무인 세한도(歲寒圖)를 그려 선물하기도 했다.

소나무는 비바람과 눈보라 속에서도 꿋꿋하게 푸르니, 절개와 지조, 의리와 충정의 상징으로 여겨졌다. 이러한 소나무는 유교적 덕목을 최고의 가치로 삼았던 우리 민족에게 많은 사랑을 받아왔다. 소나무는 우리 민족의 상징이기도 하지만, 목재와 땔감으로 쓰였고 관솔을 활용해 어둠을 밝히는 등불로 사용되기도 했다. 또 춘궁기를 지날 때 식용 자원으로도 활용되어, 우리 민족과 애환을 함께해 온 나무라 할 수 있다.

내가 소나무를 친근하게 느끼는 이유는 이러한 소나무의 상징성도 있지만, 어릴 적 추억이 더 크게 작용한 것 같다. 어린 시절을 돌아보면 소나무는 우리의 생활 즉 놀이, 음식, 땔감 등으로 삶 속에 늘 함께 있었다. 이웃집에 아기가 태어나면 삽작(사립문의 충청도 사투리, 대문 혹은 문을 뜻하는 경상도의 사투리)의 출입을 금지하는 금줄에 소나무 가지가 걸리기도 했고, 추석에 어머니께서 송편을 찔 때나 술을 담글 때도 솔잎이나 솔가지가 사용되었다. 또 산에 나무하러 갔을 때 소나무 낙엽인 갈비를 갈고리로 긁어모아 묶은 다음 지게에

지고 와서 땔감으로 사용하기도 했고, 친구들과 배고플 때 소나무 가지를 꺾어 껍질을 벗긴 후에 그 액을 달게 빨아 먹기도 했다. 이런 추억 때문인지 지금도 시골 장터나 관광지에 갔을 때 송기(구)떡을 팔고 있으면 꼭 사 먹곤 한다. 어쩌면 이런 어린 시절의 친근한 기억 때문에 소나무재선충병이 더 충격으로 다가오는지도 모르겠다.

사실 소나무재선충병의 심각성은 어제오늘의 일이 아니다. 알다시피 소나무재선충병(Pine Wilt Disease)은 짧은 시간에 급속히 나무를 고사시켜 말라 죽게 하는 시들음병으로, 일단 한번 감염되면 치료·회복이 불가능하여 100% 고사하는 치명적인 병이다. 오래전부터 소나무재선충병의 심각성을 듣긴 했지만, 이 정도로 심각한지는 몰랐다.

집에 도착한 이후에도 계속 소나무재선충병이 머릿속에서 떠나지를 않아서 어떻게 하면 재선충병을 방제할 수 있을까를 고민해 보았지만, 답이 없을 것 같았다. 높고 깊은 산 곳곳에 말라 죽어가는 소나무를 모두 베어낼 수도 없고, 예전처럼 헬리콥터로 재선충병약을 공중에서 살포하는 것도 환경오염 등을 고려할 때 현실적으로 쉽지 않을 것 같았다. 이런 상황이다 보니 산림청이나 지자체에서도 더는 뾰족한 대책 없이 사실상 손을 놓고 있는 것인가 하는 생각마저 들었다.

개인적인 추억을 떠나서 소나무는 오랫동안 우리 민족과 함께해 온 나무이고, 우리나라 전역에서 자라는 나무라는 점에서 소나무재선충병의 확산은 안타깝기 그지없다. 지금처럼 아무 대책 없이 방치된다면, 머지않아 소나무재선충병이 남부지방의 산야에서 자라는 소나무를 초토화해 전멸시키는 것은 시간문제일지도 모른다. 어쩌면 앞으로 소나무가 천연기념물이 되는 시대가 올지도 모르겠다.

물론 소나무가 전멸하면 송홧가루가 사라지고, 그 자리에 다양한 활엽수가 자라나 산의 생태계가 다양화되는 장점이 있을 수도 있다. 하지만 우리 민족과 애환을 함께해 온 소나무가 사라져 간다는 것은 너무나 아쉽다. 하루빨리 정부와 관계 당국의 책임 있는 소나무재선충병 방제 대책이 나왔으면 좋겠다.

아쉬운 마음에 소나무재선충병이 산림의 변화인 천이(遷移)로 보아야 하지 않을까 하는 생각도 해보았다. 산림의 천이란 아무것도 없는 불모지를 그대로 두면 자연적으로 이끼나 곰팡이류 등의 지의류 등이 자라고, 이어 초본류, 관목류, 교목류 순으로 이어지는 일종의 자연스러운 생태계 진화 과정이다. 교목류 중에서도 소나무처럼 햇볕을 좋아하는 양수(陽樹)가 먼저 자리 잡고, 이어 참나무나 단풍나무 같은 활엽수인 음수(陰樹)가 들어서게 된다.

이런 관점에서 본다면 소나무재선충병으로 양수인 소나무가 고사하고 음수인 참나무, 자작나무, 서어나무 등 활엽수가 산을 뒤덮을 것으로 보여 산림의 천이 과정으로 볼 수 있을지 모른다. 하지만 천이는 본래 자연의 흐름 속에서 이루어지는 자생적 변화다. 반면, 소나무재선충병은 외래 병해충에 의한 생태계의 인위적 교란 혹은 비정상적인 변화이다. 그렇기에 이는 자연스러운 천이라기보다는 산림 생태계의 교란 혹은 파괴라고 해야 할 것 같다. 소나무재선충병으로 소나무가 말라 죽어가는 것을 산림의 천이로 보든지 교란이나 파괴로 보든지 간에 소나무가 점점 사라져 가는 것은 아쉽기 그지없다.

아롱이에 대한 관심이 동물과 식물, 그리고 자연에 대한 생각으로 이어지다 보니 소나무에까지 확장되었다. 답도 없는 물음에 어떤 해결책도 제시하지 못하면서 머리로만 걱정하고, 탁상공론만 하고 있는 것은 아닌가 하는 자괴감이 든다.

시간이 지날수록 확산하여 가는 소나무재선충병을 어떻게 해야 할까?

"아롱아, 너는 소나무재선충병을 어떻게 했으면 좋겠니?"

동물권, 식물권, 그리고 존재권

요즘 TV에서 홍삼, 침향, 녹용, 염소진액 등 다양한 건강보조식품 광고를 많이 한다. 며칠 전 우연히 TV 채널을 돌리다가 염소진액 광고를 보게 되었다. "울릉도 흑염소의 아버지 ○○○", "염소와 동고동락" 등의 문구를 강조하는 것으로 보아, 직접 키운 염소이기 때문에 진짜 몸에 좋다는 것을 부각하려는 의도였던 듯하다. 그러나 광고 문구가 말이 되지 않는 것 같았다. 일반적으로 '염소의 아버지', '염소와 동고동락'이라는 말을 하고 '우리 애들'이라고 표현하는 것은, 염소를 정말 자식처럼 아끼고 사랑할 때 사용하는 말이다. 그런데 염소를 길러 중탕을 하고 진액으로 만드는 상황에서 과연 그런 표현을 사용하는 것이 적절한가라는 의문이 들었다.

물론 비유이기는 하지만, 세상에 어떤 사람이 동고동락한 사람이나 자기 자식을 죽여 중탕을 해서 팔 수 있는가? 물론 성경에 아브라함이 사랑하는 아들 이삭을 하나님의 명령에 따라 제단에 바치는 내용이 있기는 하지만, 그것은 종교적인 차원의 문제이기 때문에 상업 광고와는 전혀 다른 맥락이다. 이 외에도 '착한 소', '행복한 돼지' 등의 말도 안 되는 식당 이름도 있다. 염소진액 광고나 식당 이름에서 보듯이 우리는 부지불식간에 동물이나 식물 그리고 세상 모든 것이 인간을 위해서 존재하고, 또 그런 것들을 인간이 필요에 따라 마음대로 해도 된다는 인간 중심적인 생각과 판단을 하고 행동하는 경우가 많다.

최근 들어 반려동물을 키우는 가정이 늘어나면서 동물복지나 동물권에 대한 관심이 높아지고 있다. 가급적 '동물복지 인증을 받은 계란'을 먹자는 움직임처럼 사회적 인식은 점차 개선되고 있지만, 아직도 동물권에 대한 이해는 낮은 편이다. 사실 나도 아롱이를 키우기 전까지는 동물복지나 동물권을 주장하는 사람들은 특별한 생각을 가진 이들이라고 여겼다. 그런데 아롱이가 감정을 표현하고, 생각하며, 사람 말도 어느 정도 알아듣고, 자신의 의사도 나름대로 표현하는 모습을 보면서 동물과 식물 나아가 이 세상에 존재하는 모든 생명에 대해 그 존재 의미를 다시 생각하게 되었다.

우선 동물복지와 동물보호법 그리고 동물권은 유사하면서도 중첩되는 개념이지만, 그 관계를 인권과 그 핵심 요소인 자유와 평등의 관계처럼 이해할 필요가 있다. 다시 말해, 동물권은 동물의 존엄성과 존중을 위한 전제이자 기본 정신이며, 동물복지와 동물보호법은 이를 실천하고 실행하기 위한 구체적인 과정이나 방법 차원으로 이해하는 것이 타당하다 여겨진다. 따라서 동물권에 근거하여 동물복지나 동물보호법이 적용되는 것이 가장 바람직하다.

우선 동물권(Animal Rights)은 인권과 마찬가지로 동물도 인간처럼 생명권을 지니고 고통과 학대로부터 자유로울 권리, 그리고 존엄과 존중을 받을 권리를 가진다는 개념이다. 2022년 한국리서치가 실시한 동물권에 대한 설문조사 결과, 전체 응답자의 33%가 '동물권'이라는 용어를 알고 있다고 답했고, 낯선 개념임에도 10명 중 7명(79%)은 '동물에게도 기본권이 있다'라는 데 동의한 것으로 나타났다. 이는 아직 동물권에 대한 인식이 높은 편은 아니지만, 대체로 긍정적인 태도가 형성되고 있음을 보여준다.

하지만 동물권이 구체적으로 무엇이며, 어떤 동물에게 어느 수준까지 인정해야 하는지에 대한 논의는 아직 부족한 실정이다. 이는 동물권의 개념, 적용 대상, 적용 수준, 그리고 인권과의 관계 등 생명윤리, 동물 윤리적 관점에서 심도 있는 논의가 필요한 복합적인 문제이기 때문에 현실적인 기준을 세우기가 쉽지 않다.

현재 동물권과 관련한 주장은 크게 두 가지로 나뉜다. 동물도 인간과 동일한 권리를 가진다는 단일주의적인 입장과 인간과 동물 등 각 개체의 고유성을 고려해 동물권을 인정하자는 계층주의적 입장이다. 단일주의적 입장은 동물에게 인간의 권리와 동일한 권리를 허용하자는 입장이다. 동물의 생명권 등을 철저하게 보장한다는 점에서 장점이 있지만, 동물의 도축이나 식용을 전면 부정한다는 점에서 현실적으로 실현이 쉽지 않다. 반면 계층주의적인 입장은 각

동물의 개체성을 고려한다는 점에서 현실적이고 지금도 실현 가능한 주장이다. 하지만 그럼에도 불구하고, 도축이나 식용을 허용할 뿐만 아니라 각 동물의 특성을 고려하므로 지나치게 인간 중심적인 판단이나 결정을 할 여지가 있다는 점에서 한계가 있다.

사실 동물권의 핵심은 인간이 비인간 존재인 동물의 생명과 존엄성을 인정하고, 이를 어떻게 존중할 것인가에 있다. 따라서 단일주의냐 계층주의냐의 논쟁보다 더 중요한 것은, 더 많은 사람이 동물 생명의 소중함을 인식하고 존중하며, 동물의 편에 서는 태도를 가지는 것이다. 이런 점에서 동물권은 인간과 동등한 권리 부여를 의미하기보다는, 동물이 자기 삶을 온전히 누릴 수 있도록 고통을 줄이고, 안전하고 쾌적한 환경을 제공해야 한다는 실천적 윤리로 이해해야 할 것이다.

동물권을 인정하고 실현하기 위해서는 법과 제도의 뒷받침이 필요하다. 우선 동물복지는 동물들의 생명 보호, 안전 보장 및 복지 증진을 목적으로 한다. 이는 동물이 본래의 습성을 유지하며 건강하게 살 수 있도록 쾌적한 환경을 제공하고, 스트레스와 불필요한 고통을 최소화하는 것을 의미한다. 다시 말해, 인간이 동물을 이용할 때 고통을 최소화해야 할 뿐만 아니라, 사람과 동물의 조화로운 공존을 지향해야 함을 의미한다. 동물복지의 보호 대상 동물은 반려동물, 산업(농장)동물, 생물학이나 의학용 실험동물, 그리고 동물원 동물까지 포함한다. 그러나 야생동물은 어떤 목적에 의해 인위적으로 사육되고 있는 동물들이 아니기 때문에 동물복지 적용 대상에 포함이 되지는 않는다. 이러한 측면은 동물복지는 모든 동물을 대상으로 하는 복지가 아니라, 인간과 관련한 특정한 동물에 한정되어 있다는 점에서 한계가 있다.

또 동물보호법은 동물학대를 방지하는 등 동물을 보호하고 관리하기 위해서 제정한 법으로, 보호 대상은 척추동물의 일부만 해당한다. 이는 아마도 고통을 느낄 수 있는 신경 체계가 발달한 척추동물(포유류, 조류, 파충류, 양서류, 어류)에 한해서만 적용된다는 의미다. 반면 개체수가 훨씬 많은 무척추동물인 절지동물(곤충, 거미 등)이나 연체동물(오징어, 조개 등), 환형동물(지렁이, 거머리 등), 자포동물(산호, 말미잘 등)은 보호 대상에서 제외된다. 하지만 고통을 느끼지 못한다고 생명이 없는 것도 아니고, 작은 생명일지라도 소중하지 않은 것은 아니다. 또 어쩌면 이들이 고통을 느끼지 못한다는 것도 인간의 주관적인 판단일 수도 있고, 설령 고통을 느끼지 못한다고 하더라도 그것이 생명을 함부로 다뤄도 된다는 근거가 될 수는 없다.

동물권 실현에는 분명한 현실적 어려움이 존재한다. 하지만 그 기본 정신과 방향은 명확하다. 인간의 삶을 위협하거나 위해를 가하지 않는 선에서 모든 동물이 자신의 삶을 살아갈 수 있는 권리를 인정하는 것이다. 이는 인간과 동등한 권리를 인정하자는 것이 아니라, 생명으로서 마땅히 누려야 할 최소한의 보호와 존중을 의미한다.

식물권(Plant Rights)에 대한 논의 역시 필요하다. 동물권을 주장하는 사람들은 동물을 고유한 권리의 '주체'로 여기지만, 대부분의 사람은 식물을 포함한 기타 생명체에게는 아예 권리 자체를 인정하지 않는 경우가 많다. 과연 식물은 권리의 주체가 될 수 없는가?

식물권을 주장하는 사람들은 식물도 도덕적 지위를 가지며, 따라서 존중받고 보호받을 권리가 있다고 본다. 이는 단순히 식물을 보존해야 한다는 환경 보호론적 관점을 넘어, 식물 자체의 내재적 가치와 생명체로서의 권리를 인정하자는 것이다. 예전에는 식물이 생명을 갖고 있기는 하지만 감정이나 의식이 없는 것으로 이해했다. 그러나 최근 들어 식물의 복잡한 상호작용 방식, 신경망과 유사한 구조 발견 등으로 식물에 대한 과학적 이해가 깊어지면서 식물도 감정이 있고 느낄 수 있다는 주장이 제기되고 있다.

우리가 동물권을 주장한다고 해서 모든 동물이 인간과 동등한 권리를 가진다고 보는 것이 아니듯, 식물권을 주장한다고 해서 모든 식물이 인간이나 동물과 동등한 권리를 갖는다거나 인간이 식물을 먹거나 이용해서는 안 된다는 것은 아니다. 다만 최근 들어 동물권에 대한 주장이 강조되고 있는 데 반해, 식물은 고통이나 감정을 느끼지 못한다는 이유로 동물에 비해서도 차별받고 있으며, 아예 권리 자체를 인정하지 않고 철저히 '타자화'되어 폄하되고 있다.

중요한 점은 식물 역시 고유한 생명체이며, 존중받을 권리가 있다는 것이다. 이에 스위스 연방 윤리 위원회(Swiss Federal Ethics Committee on Non-Human Biotechnology)는 2008년 '식물의 존엄성'이라는 보고서를 통해 식물을 단순히 인간의 도구로 보아서는 안 되며, 식물의 고유한 생명성을 존중해야 한다고 발표했다. 이는 식물도 인간에 의해 함부로 훼손되지 않고 자신의 삶을 살아갈 수 있도록, 최대한 생명을 보호하고 소중히 다루어야 한다는 것이다. 이것이 존엄하고 존중받아야 할 인간이 동물이나 식물을 위해 마땅히 감당해야 할 역할이며 책임이고 의무다.

더 나아가 이 세상에 존재하는 자연 등 사물에 대한 권리, 이른바 존재권(Rights of Existence)의 인정도 필요하다. 존재권은 엄밀하게 말하면 '존재자의 권리'라고 할 수 있다. 철학자 하이데거(Heidegger)는 존재와 존재자를 구분한다. 존재자는 이 세상에 존재하는 사물이나 동식물 그리고 인간, 심지어 로봇 등 모든 개체를 지칭한다. 반면 존재는 있음(Being), 즉 존재자의 있음을 의미한다. 그러나 이 글은 전문 철학서가 아니므로 존재자와 존재를 별도로 구분하지 않고 '존재'로 통칭하여 '존재자의 권리'를 존재권으로 부르기로 한다.

사람들은 자연 상태의 무생물에게도 권리가 있느냐고 반문할 수 있다. 그러나 이 세상에 존재하는 모든 존재는 고유한 권리가 있다. 그것은 세상 만물이 본래의 고유성을 가지고 본래부터 있어야 할 자신의 자리에 있는 것이 가장 자연스럽기 때문이다. 모든 존재하는 것은 그 자체로 의미가 있고 가치가 있다. 아울러 모든 존재는 본래 그곳에 있어야 하는 이유가 있다. 무생물이라 하더라도 그 자리에 존재하는 이유가 있고 그 자체로 가치가 있는 것이다.

다시 강조하지만 동물권, 식물권 그리고 존재권을 인정한다고 그들에게 인간과 동일한 권리를 인정하자는 것은 결코 아니다. 다만 소리치지 못하고 표현하지 못하는 동물과 식물 그리고 무생물일지라도 함부로 대해서는 안 된다는 것이다. 그리고 벌레 한 마리, 들꽃 한 송이, 그리고 바닷가의 자갈 하나라도 인간의 욕심이나 소유욕 때문에 함부로 훼손하거나 살상해서는 안 된다는 것을 말하고자 하는 것이다. 결국 인간이 동물과 식물, 그리고 이 땅에 존재하는 모든 것들의 고유한 가치를 인정하고 진심으로 존중할 때, 우리는 비로소 이들과 함께 진정한 공존을 실현할 수 있을 것이다.

아롱이로 인해서 동물과 식물 그리고 세상 존재하는 모든 것을 다시 생각하고 새로운 시선으로 보게 되었다. 그것은 어쩌면 모든 것을 말없이 눈으로 이야기하고, 눈으로 들어주는 아롱이의 예쁜 눈빛 때문일지도 모르겠다. 우리 아롱이가 아빠 말을 알아듣고 아빠가 쓴 글을 읽을 수 있다면 아마 동물권, 식물권 그리고 존재권에 대한 아빠의 생각을 누구보다도 잘 이해하고 응원해 줄 것이다. 왜냐하면 아롱이는 식물과 동물 그리고 이 땅의 모든 존재에 대해 호기심과 관심을 가지고 진심으로 대하기 때문이다.

어느 날 문득 우리에게로 와서 사랑하는 가족이 된 아롱이, 변함없는 사랑의 눈빛으로 날마다 행복을 선물하는 아롱이, 오늘따라 우리 아롱이가 유난히 예쁘고 사랑스럽다.